RUNNING ANATOMY SECOND EDITION

新スポーツ解剖学シリーズ

ランニング 解剖学

第2版

ジョー・プレオ 著
パトリック・ミルロイ 著
篠原美穂 訳　鳥居 俊 監修

ベースボール・マガジン社

CONTENTS

ランニング解剖学　第2版
RUNNING ANATOMY SECOND EDITION

まえがき

『ランニング解剖学』は、走る動きのなかで人間の身体がどう働くのか、そしてそれはなぜなのかを説く、テキストである。動作のメカニズムに関する説明は、イラストを使って行い、走るという働きのなかで何が身体に起きるのか、シンプルに示していく。具体的に言えば、動作が骨と軟部組織（筋肉、腱、靱帯、筋膜、血管、神経）との相互作用を通して、どのように、そして、なぜ生まれるのか、ということである。それと同時に、読者が自分のランニングの目標に到達するために何ができるか、検討したい。今回新しくなった版では、脳がいかにランニング・パフォーマンスに影響を及ぼすのか、ということについても取り上げる。

　読者の理解を助けるのは、『ランニング解剖学』のイラストである。ランニングに関係する解剖学、つまり、身体を動かすときに骨、臓器、筋肉、靱帯、腱がどう働くのかが、よくわかる。イラストに示された各部位の機能については、各章とも文章で説明する。エクササイズの説明に添えた解剖図では、各エクササイズやランニングに特化した動作で使われる主動筋・補助筋・結合組織を、色分けして示した。

　ランニング中の身体の働きについて詳しく解説したあとは、パフォーマンス向上を目的としたエクササイズによって身体を強化する方法を示す。部位別に書かれた各章で紹介するエクササイズは、読者のパフォーマンスアップの力となるだろう。しかも、エクササイズを行うことにより解剖学的な不均衡が解消され、ケガを防ぐこともできる。自然とアンバランスな身体になることは多いが、ランニングで必要とされる筋骨格系の働きによって、そのアンバランスさは助長されるのである。さらにもう１つ、ランニングに関する最新の話題についても、何章かにわたって取り上げた。エクササイズ、トレーニング、ギアを、知識を持ったうえで選べるようになるだろう。

　ケガの発生は、反復動作の結果であることが多い。しかし、現に起きている身体の動きのメカニズムとその理由を理解していれば、パフォーマンスを向上させたり、ケガを予防したりするシンプルな方法は、わかるはずである。『ランニング解剖学』が目指す最終的なゴールは、読者が筋力トレーニングのプログラムを作りあげる手助けをすることである。論理的でいて、簡単に実行できるプログラム、そして、ランニング・パフォーマンスはもとより、走るという体験のすべてをよりよいものにする効果的なプログラムを、自分で作れるようになってもらいたい。

　よりよく走るということは、必ずしもより速く走るということではない。気負うことなく自分の走りができること、走ることによってケガや痛みが起きる可能性を減らすこと。その手助けをするのが本書の役割である。そして、よりよく走ることができれば、前よりも嬉しい気持ちで自分の走りを振り返り、次の走りを楽しみに待つことができるはずである。

謝辞

『ランニング解剖学』の第2版は、Human Kinetics社編集チームの不断の努力によって完成したものである。Tom Heine、Michelle Maloney（初版でもお世話になった）、Cynthia MacEntire、Ann Grindes の各氏をここに紹介する。原稿をチェックしてくれた Major Christine Taranto（USMC）、Dr. Jason Friedman MD には、特に第2章において、文章の構成と明瞭化に力を貸してもらった。お礼を申し上げる。

　私はかれこれ30年近く、ランニングの指導法を究めようと努めてきた。同僚のコーチたち、トレーニング・パートナー、競技仲間、そして選手たちにも、感謝の気持ちを伝えたい。本当にありがとう。

　そして、共著者であるパトリック・ミルロイ博士には、専門家ならではの見識、卓抜な筆致はもとより、私との共同作業に快く応じてくれた、その熱意に対し、心からお礼を申し上げる。最後に、私の家族、Jen、Gabe、Dylan、Anna、Sydnee、Sophie、Victoria に、声を大にして感謝の気持ちを伝えたい。

ジョー・プレオ

●

　私の書く技術が向上したのは、25年間『Runner's World（UK）』誌のメディカル・アドバイザーを務めているあいだに出会った、さまざまな編集者たちのアドバイスのおかげである。また、Human Kinetics 社のスタッフのサポートと励ましも、上達の力となった。彼らなしに、このプロジェクトの実現はあり得なかったと思う。解剖学の知識は、マンチェスター大学で得たものが基盤となっている。そして私のスポーツへの愛、とりわけランニングへの想いが、本書を完成する原動力となった。

　このプロジェクトは、妻クレアの愛情と理解、そして、人々の助力なしに完成させることはできなかっただろう。力になってくれた家族や友人たちの多くは、ランニング界に住む人間である。彼らにも感謝したい。

パトリック・ミルロイ

ランナーの動き

　かつてハイレ・ゲブレセラシエはこう語った。「ランニングなしの人生など、あり得ない！」。この走る喜びは、世界中に星の数ほどいるランナー共通のものである。実際、それは言語や文化の垣根を超える。だから、どこか知らない国に行っても、ランニングウエアに着替えシューズを履き、走る道を探してみれば、自分と同じようにランニングに情熱を傾け人生をエンジョイする、同好の士に会うことができるのだ。

　ランニングは、楽しみながら健康増進を図る方法としても、際立つ存在だ。文明の進化とともに新しい技術が発達すると、ランニングは生存競争（狩猟や捕食動物から逃げること）に必要な手段という意味合いを失った。そして、祖先から見れば、あり得ない方法、命に関わる方法で、現代の人間は余暇を楽しんでいる。ランニングは、かつては生きるか死ぬかの問題だったが、人間社会の発展により、競争心を満たす手段、社会参加・社交のツール、科学研究の対象、という新たな性格を帯びるようになったのである。もう一言つけ加えれば、ランニングは最も自然な形の運動である。誰かを攻撃するわけでもなければ、社会を乱すことにもならない。高価な道具も必要ない。だから、健康な身体を持つ人ならば、誰でもランニングを楽しむことができる。

　人間の走るという行為には何千年もの歴史があるが、ランニング関連の産業が1つのスポーツとして確立したのは、1970年代も後半になってのことだ。それから今に至る短いあいだに、ランニングのさまざまな側面——たとえば、ウエアやシューズ、食事が人体の生理に及ぼす影響、走る環境や走路面の影響といったこと——が、調査や実験、考察の対象となった。そしてその結果、今日ランニングは無数の人々の毎日の暮らしの一部となったのである。200年ほど前、「鉄道」という名の交通システムの誕生により、我々の祖先の生活は姿を変えたが、それとよく似ている。そしてランニングはごくわずかな例外を除き、我々人間に多大な恩恵を与えてきたのである。

1人の人間が走るとき、そのパフォーマンスに影響を及ぼすファクターは単純ではなく、無数に存在する。本章では、走るときに、人の身体が解剖学的、生理学的観点からどのような影響を受けているのか、ということ特に焦点を当てる。もっと具体的に言えば、ランニングを成功に導く身体的特徴と体格についてである。さらに、もし完全無欠のランナーというものが存在するのだとしたら、その身体の構造についても考察したい。

解剖学

　解剖学という言葉は、広義では身体の構造を意味する。もちろん、我々の大多数は自分の身体に自信を持ちたいと思っているし、健康でいたいという欲求が、フィットネスビジネスを10億ドル産業へと成長させた。身体的には運動が可能なのに、それを敢えてしなければ、健康にいいことをするチャンスを見逃すことになる。しかし、完全無欠な身体にどれだけ近づくか、という視点でフィットネスを評価できるはずもない。我々の身体のかなりの部分は、意思でコントロールできるものではない。身長がいい例である。身長の大部分は遺伝によって決まる。栄養を十分にとるという以外、何をしても結果には影響しない。しかし、身体の形や構造は、元がどのような状態であれ、トレーニングで変えることができる。目標を持ってトレーニングで鍛えられた身体には、筋肉・皮膚の違いが表れ、パフォーマンスが向上する。

　たとえば、ランニングをする目的が体形改善だという、ありがちな場合。走る量や練習のタイプによって、その結果は変わる。あるいは減量が目的の場合。体重から変化のきざしは確信できても、明らかな変化が現れるには、1週間に4〜5回走るトレーニングを数カ月続けることが必要だろう。

　ランニングは気持ちに影響するとも考えられている。実際、ランニングにより、気分をよくしたり自信を高めたりする物質が分泌されることが、多数の科学的エビデンスによって示されている。しかし、やはり気持ちの面でも効果は一朝一夕では現れない。ただ、ランニングが習慣になれば、シェイプアップ効果に気づくよりも早く、精神的なプラス効果を体感するはずだ。努力する、何回も困難に直面する、ときおり挫折する。これを経ずに、こうした進化が得られることはない。それは生活のなかで改善すべきことすべてに共通する。セオドア・ルーズベルトが言ったように、「この世の中に、努力も痛みも困難も伴わないならば、持つ価値のあるもの、行う価値のあるものなどない」のである。

競技に特異的な身体的特徴

　トラックで行われる競技会に出てみると、どの選手がどの競技に出場するのか、体格を見ただけでわかるだろう。スプリンターの多くは体格が発達していて、筋骨隆々に見える。それに対し400〜1,500mの選手は、種目の距離が長くなるにつれて逞しさが消え、体格も小さくなる。長距離選手ともなれば、見た目の印象はパフォーマンスで裏切られはするが、一見すると不自然なまでに細く、栄養失調かと見紛うほどだ。

　体格を一瞥しただけで種目がわかる。これはすなわち、種目別の異なるトレーニングにより、体格

に異なる応答が生じている、ということである。たしかにランナーは誰もが、競技に向けてトレーニングをしてきている。しかし、その方法は異なるのだ。長距離ランナーはトレイルやロードで長い距離を踏む。あるときは速く、あるときは遅く、またあるときは傾斜を織り込む。さらに、他の種目ほどではないが、トラックでのトレーニングやレジスタンストレーニングも行う。これとは反対に、スプリンターや中距離の選手のトレーニングは、トラック中心である。加えてウエイトリフティング、ジムでのドリル、そのほか独自のエクササイズを行い、身体をピークに向けて仕上げていく。中距離（800〜1,500m）のランナーのなかには、いわゆる有酸素走を相当量行う者もいて、その距離は週80〜96kmに及ぶこともある。もちろん競技としてではなく、楽しみのために走るなら、ここまで特化したトレーニングは必ずしも必要でない。むしろ、勧められないとさえ言える。（訳者注：本訳書では原著のマイル表示を1マイル＝約1.6kmとして換算し、基本的にkm単位で表記する。）

　人間の身体の成り立ちは、進化の法則に支配されている。おおざっぱに言えば、筋肉は使えば使っただけ発達するが、使わないでいると衰える、ということだ。しかし、身体の輪郭は筋肉だけではなく、厚さの変わりやすい脂肪の層によっても作られる。トレーニングをしていると、脂肪はエネルギー源として使われ、その層は薄くなる。ただし部分痩せしようとした人ならわかると思うが、その変化は不均一、非対称である。脂肪が、いちばんなくなってほしいところからなくなることは、まずあり得ないのだ。

ランニング動作の周期

　人間はどのように走るものなのか？　歩きが速くなっただけか？　正しいフォームというものは、存在するのか？　自分のランニングフォームは改善できるだろうか？　もしそうならどうやって？こんな質問を、医師、研究者、ベテランランナーといった、ランニングのスペシャリストに投げかけるランナーは、よくいる。その答えはややこしくなるが、運動科学の知識が少しあれば、回答は可能である。

　本項では、ランニング動作の基本を理解してもらうため、ランニングに関係する身体の部位、鍵となる部位の機能がオン・オフになる力学、動作開始時の運動感覚について、説明する。そのうえで、いくつかドリルを紹介する。自分のランニングフォームを、動作周期を微調整して完成させるためのドリルである。

　ランニングは、その動作周期（図 1-1）を分析すれば、理解できる。ランニングは歩行とは異なる。歩行は動作周期のなかに、両足が同時に地面に接触している瞬間があるが、ランニングは両足が地面から離れている（ダブルフロート）瞬間がある。動作周期とは、一方の足が最初に地面に接してから再度接地するまでのサイクルのことである。

　動作周期には、2つの期がある。立脚期（支持期）と遊脚期である。一方の脚が立脚期にあるとき、他方の脚は遊脚期にある。立脚期はさらに、最初の接地（着地）、立脚中期、離地期に分かれる。遊脚期は浮遊から始まり、振り出しまたは振り戻しに移行し、接地（衝撃吸収）で終わるが、これ

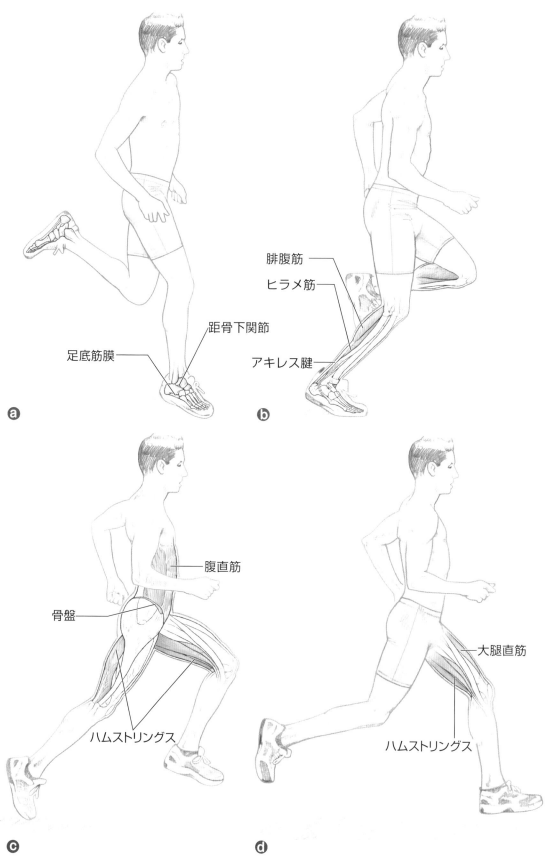

図 1-1　ランニングの動作サイクル：(a) 最初の接地　（b）立脚期　（c）離地　（d）振り出し

が次の立脚期の始まりとなる。**図 1-1** では右脚が立脚期（地面に接触している）にあり、前脛骨筋と長母趾屈筋が動員されている。左脚は遊脚期にあり、接地の準備をしている。

立脚期

　一方の足が最初に接地する直前になると（遊脚期の最終20%の局面）、大腿四頭筋群のうち、主に大腿直筋がきわめて活動的になる。いったん接地すると、着地の衝撃は、足と下腿（訳者注：膝から足首まで）にある筋肉（前脛骨筋、腓腹筋）、腱、骨、関節によって緩衝される。詳細は第4章に譲るが、この衝撃の緩衝をもたらすのは、3つの足の動き、つまり、距骨下関節の内返し・外返し、中足部の外転・内転、前足部の背屈・底屈である。これらはそれぞれ関連するものの、独立した動きである。

　この下腿の構造が相互作用して、後足部に回内（内側への沈み込み）がわずかに起きると理想的である。回内することで着地の衝撃が足裏全体に広がり、衝撃の緩衝を助けるからである。反対に、立脚中期で足が回内しないと、足の外側の面しか地面に接触しないため、着地の衝撃を吸収する準備が不十分になる。このような動きは通常、慢性的なケガ（アキレス腱の硬化、ふくらはぎの張り、膝外側の痛み、腸脛靭帯の硬化：これらについてはすべて第9章で扱う）につながるが、同じ状況で反対側のケガが生じることも考えられるのだ。これとは反対に、立脚中期において過回内であると、脛骨が内旋するため、脛骨の痛み、前脛部のケガ、膝内側の痛みが引き起こされるほか、回内しないために生じた前記のケガも引き起こされるのである。そうなると、極端な状況（アーチが高くて硬く、回内しないか回外している場合、あるいはアーチが低くて過可動性である場合）のどちらも理想的でないのは、明らかだろう。しかし、軽度から中度までの回内であれば正常の範囲であり、着地衝撃に対応するにはきわめて効果的である。

　立脚期の最終局面は、推進、蹴り出し、あるいは足趾離地とも言われる。ランナーがうまく臀筋と体幹の筋力を使い、後脛骨筋を意識して地面を蹴り出せば、それだけ足の接地時間は短くなる。通常、接地時間が短くなるほど回転も速くなり、ストライド長が同じであれば、より速いパフォーマンスにつながる。

遊脚期

　最初の接地と立脚中期に続くのは推進期であるが、それはさまざまな筋肉が協同して機能した結果である。これらの筋肉は、ハムストリングス、臀筋、大腿四頭筋、ふくらはぎの筋肉（腓腹筋とヒラメ筋）である。一方の脚が立脚期を終えて遊脚期に入ろうとしているあいだ、他方の脚は遊脚期を終えて立脚期を始める準備をしているが、これは同時に動作周期の終わりでもある。接地が終わると脚は振り出しの動作を始める。これは骨盤の前方への回旋と腸腰筋による股関節屈筋が同時に起きた結果である。前方への振り出しを過ぎるとハムストリングスが伸び、大腿四頭筋によって伸展していた下腿は前方への伸展が制限される。胴体の動きに加速が加わると、下腿と足は走路面に向かって下降し始め、その結果、頭から接地しているつま先までを結ぶ線が鉛直線になる。

　ここで気を付けてもらいたいのは、それぞれの脚の2つの動作周期は同時に起きているということである。一方の足が離地して遊脚期を始めるとき、他方の脚は立脚期を始める準備をする。ランニン

グ動作にはこのような力学的特徴があるため、動作に関わる部位を別々にとらえることは難しい。なぜなら、歩行動作とは違い、位置エネルギー（物体に蓄えられるエネルギー）と運動エネルギー（動きにより生じるエネルギー）が同時に作用するからである。根本的な説明をすると、ランニングに関わる筋肉は常に主動筋（運動を起こすときに主に働く筋）や拮抗筋（主動筋と逆の働きをする筋）に切り替わり、その結果、伸張性収縮と短縮性収縮が生じるのである。

　立脚期における体幹の役割は、遊脚期のそれとまったく変わらない。つまり、上体を安定させることである。これによって骨盤を正常にひねり、回旋させることができる。骨盤が適正に機能するように安定させることは欠かせない。なぜなら、これまでに見てきたとおり、ランニングの動作サイクルには、一方の脚が立脚期にあると同時に、他方の脚は遊脚期にある、という特徴があるからだ。骨盤のさらに詳しい説明については、第6章を読んでほしい。本章では、体幹が不安定だと運動周期にマイナスの影響があり、ケガにつながる可能性もある、とだけ言っておく。

　安定性とバランスは、腕によっても、もたらされる。とは言え、その方法はやや異なる。具体的に言うと、それぞれの腕はその反対側の脚とバランスをとっており、右脚が前方に振り出されれば、左腕も前方に振られる。その逆も同様である。さらに、左右の腕同士もバランスをとっている。こうして胴体が安定して適正なポジションに保たれると、両腕も左右に揺れることなく前後に振れるようになる。反対に腕振りがよくないと、ランニング効率の悪化（左右に揺れる腕振りに両脚が「つられ」てわずかにぶれると、ストライド長が短くなる）とランニングエコノミーの低下（悪いフォームがエネルギー消費を著しく上昇させる）につながり、ランナーの負担になる。

　両脚はそれぞれの周期を同時に実行している。そしてそれぞれの同じ部位（筋、腱、関節）は同時に複数の機能を果たしている。このことを考えると、運動連鎖に故障や機能不全が起きることは十分にあり得る。こうした故障が生じる理由はたいてい、固有のバイオメカニクス上（生体力学上）のアンバランスさにあり、ランニング動作で同じ力の使い方が繰り返されると、それは増幅される。例を挙げると、大腿四頭筋群とハムストリングスである。両方とも接地期に動員されるが、大腿四頭筋は脚を伸展させ、ハムストリングスは膝の伸展を制限する。しかし大腿四頭筋群のほうがはるかに強いため、動作がスムーズであるためには、ハムストリングスが最大限の力で機能しなければならない。もしハムストリングスが弱かったり、柔軟性に欠けていたりすれば、アンバランスになり、ケガにつながる。

　以上は、身体の構造がアンバランスであるとケガが生じかねないということの、顕著な例に過ぎない。こうしたシナリオを避けるために、本書では包括的な筋力トレーニングのメニューを紹介する。各エクササイズは主動筋と拮抗筋の両方を鍛え、関節を強化することで、お互い補完し合うようになっている。

ABCランニングドリル

筋力トレーニング以外で、自分のランニングフォームを改善し、パフォーマンスを伸ばすにはどう

すればいいのか？　ランニングの動作には神経筋の要素もあるので、ランニングに関わる身体の部位の動きを協調させるドリルを行うことで、ランニングのフォームは改善できる。このドリルはゲラルド・マックコーチによって1950年代に開発されたものであり、シンプルで衝撃ストレスもほとんどない。通称ランニングのABCと呼ばれるこのドリルは、一言で言えば、ランニングの運動周期を独立させた動き（膝上げ・大腿部の動き・蹴り出し）から成るドリルである（訳者注：日本では1970年代から「マック式トレーニング」として有名になった）。各期を独立させゆっくり動くことで、正しく行えば筋肉運動感覚が発達し、神経筋の応答、筋力の発達も促進される。また正しく行えば、正しいランニングフォームに必ずつながる。なぜならこのドリルの動きはそのままランニングのパフォーマンスになるからだ。ランニングはこれをただ速く行うだけのことである。このドリルはもともとスプリンターのために考案されたものだが、どんなランナーでも使える。週に1回か2回行うとよい。15分で終了する。その際は正しいフォームになっているか、注意すること。

ドリルA

　ドリルA（図1-2a、1-2b、1-2c）では股関節屈筋と大腿四頭筋を使う。歩行しながらでも行えるが、もっと動作を大きくしてスキップ（Aスキップ）やランニング（Aランニング）にもできる。この動作では膝が屈曲し、骨盤は前方へ回転する（図1-2c）。その間の腕振りは単に下半身の動きとバランスを

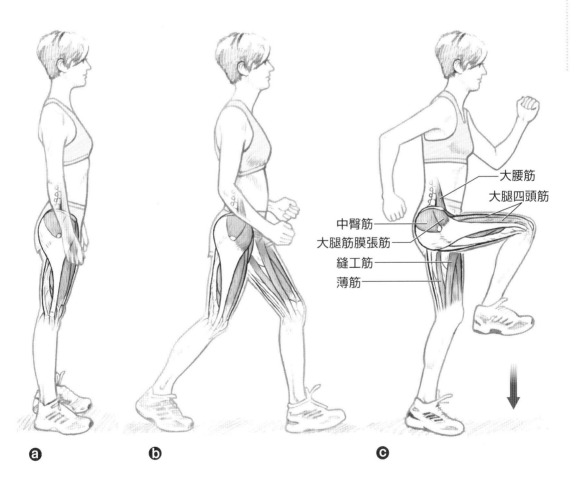

大腰筋
大腿四頭筋
中臀筋
大腿筋膜張筋
縫工筋
薄筋

ⓐ　　　　　　ⓑ　　　　　　ⓒ

図1-2　（a）ドリルA-1　（b）ドリルA-2　（c）ドリルA-3

とるためであり、推進力のためのものではない。引き上げた脚の反対側の腕は肘を直角に曲げ、肩を支点として振り子のように前後に振る。他方の腕は同時に反対方向に動かす。両手は手首を曲げずに軽く握り、肩よりも上がらないようにする。振り上げた脚を下ろす動きを重視する。これによって他方の脚の膝が上り始める。

ドリルB

　ドリル B（図 1-3a、1-3b、1-3c）は、大腿四頭筋で脚を伸ばし、ハムストリングスでその脚を地面に向かって引き接地期に備える（図 1-3c）動作である。まずドリル A のポジションから、大腿四頭筋を使って膝を完全伸展させる。その後ハムストリングスを使って下腿と足を地面に向かって引き戻す。通常のランニングでは、前脛骨筋によって足首が背屈する（訳者注：脛の方向に曲がること）。それにより、踵着地に適した足の位置づけがされるのだが、ドリル B では、立脚中期に近い形で接地できるよう、足首の背屈は最小限に抑える。これにより踵が受ける衝撃を減らすことができる。さら

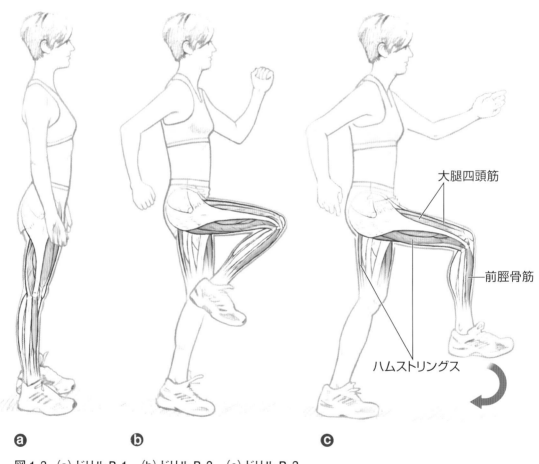

大腿四頭筋

前脛骨筋

ハムストリングス

ⓐ　　　　　　　ⓑ　　　　　　　　　　ⓒ

図 1-3　(a) ドリル B-1　　(b) ドリル B-2　　(c) ドリル B-3

にこのドリルではランニングほど足のバイオメカニクスが関与しないので、前足部のケガにはつながらない。

ドリルC

　ランニングの動作周期の最終期ではハムストリングス（**図 1-4a、1-4b**）が使われる。接地するとき、ハムストリングスは収縮し続けているが、これは脚の伸展を制限するためではなく、臀部の下まで足を引き上げて、次の周期を始めるためである。したがって、このエクササイズ（**図 1-4b**）で重視すべきなのは、足を臀部の真下に引き上げることである。これにより最終期の軌道と所要時間が短くなって次の一歩を始めることができる。このドリルは音楽でいうスタッカートのように、きびきびと素早く行う。腕は速い脚の動きに合わせて素早く振る。両手の位置は、ドリルAやドリルBよりも若干高く、胴体に近いところにくる。このドリルは、胴体をスプリントの姿勢のように、はっきりと前方に傾けて実施しやすくしてもよい。

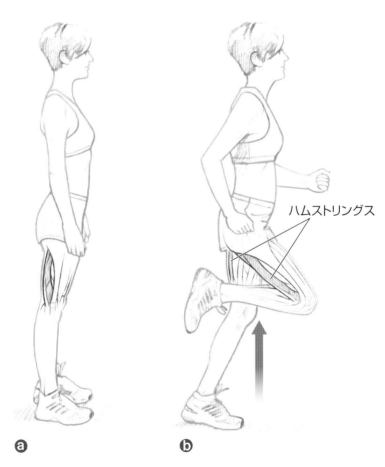

ハムストリングス

ⓐ　　　　　　　　ⓑ

図 1-4　（a）ドリル C-1　　（b）ドリル C-2

まとめ

　ランナーはコーチから、ある特定のフォームで走るように指導されるが、運動中、知らないうちに疲労がたまってくると、そのフォームを維持するのが難しくなることもある。そんなときは、つい自分の体格にあった自然なフォームに戻ってしまう。それは見た目に美しくないかもしれないし、効率的でさえないかもしれないが、疲労が増してくると、なかなか避けられないものだ。次章では、身体の能力を向上させる方法をいくつか取り上げるが、そのほかに、このくせを減らす筋力トレーニングの効果にも、焦点を当てる。

第 2 章

トレーニング 理論

　ランニング・パフォーマンスの向上には多くのファクターがある。本章ではトレーニングの生理学的な効果（乳酸塩の産生）と意識されない神経学的効果［中枢制御モデル（Central Governor Model: CGM）として解明されている］を見ていき、双方が、パフォーマンス向上にどのような役割を果たすのか、考察する。そのほか、いくつか異なるトレーニング理論についても解説する。その際に特に注目するのは、それぞれの理論を用いたメソッドがいかに心血管系・心呼吸系にプラスとなり、ひいてはランニング・パフォーマンスの向上につながるか、ということである。トレーニングが不適切だと、筋骨格系は無視されたり間違った使い方をされたりするため（例：筋力トレーニングが少なすぎる、速すぎるペースで長すぎる距離を走る）、せっかくの向上が帳消しになりかねない。したがって、本章では各メソッドについて、ベストの実施法を紹介するほか、正しく実施されなかったときのデメリットについても触れる。しかし、賢くトレーニングを行っても筋力の不均衡や身体構造上の欠点が助長されることもある。トレーニング計画全体のなかに筋力トレーニングを組み込むことは、さまざまな面で意味がある。

心血管系、心呼吸系

　心血管系は循環する血液を運搬するシステム（系）であり、心臓、血液、血管（静脈、動脈）からなる。簡単に言うと、心臓は血液を送り出すポンプの働きをする。送り出された血液は動脈によって筋肉や全身の組織、臓器へと運搬され、そののち静脈によって心臓に戻ってくる（図2-1）。

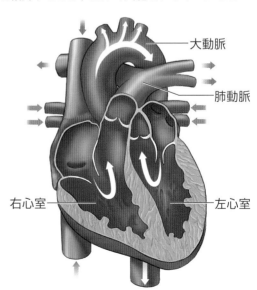

大動脈

肺動脈

右心室

左心室

図2-1　血液は心腔を流れる

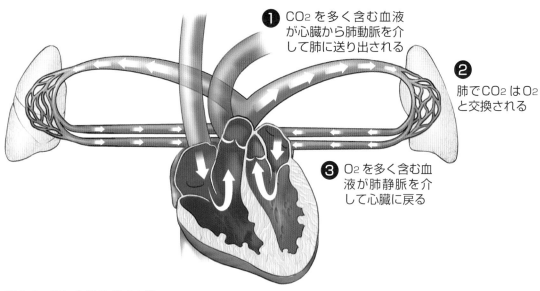

❶ CO_2 を多く含む血液が心臓から肺動脈を介して肺に送り出される

❷ 肺でCO_2はO_2と交換される

❸ O_2を多く含む血液が肺静脈を介して心臓に戻る

図2-2　肺におけるガス交換

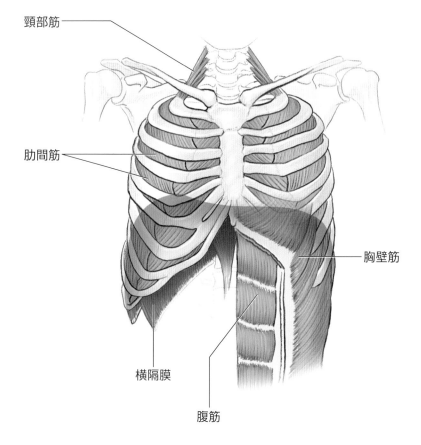

頸部筋

肋間筋

胸壁筋

横隔膜

腹筋

図2-3　呼吸を助ける筋肉

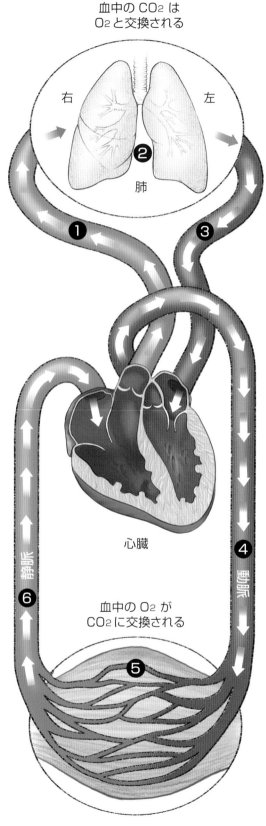

心呼吸系は、心臓と肺からなる。口と鼻の呼吸によって取り込まれた空気は、横隔膜などの筋肉によって肺に押し込まれ、そこで空気中に含まれている酸素が血液と混ざり（図2-2）、その後全身へと送り出される。図2-3は呼吸時に働く筋肉を示している。

この2つの系の相互作用が働くのは、心臓が肺動脈を介して血液を肺に送るときである。血液は呼吸により取り込まれた空気（酸素）と混ざり、この酸素化された血液は、肺静脈を介して心臓に戻る。心臓の動脈は、酸素で飽和した赤血球を含む血液を（図2-4）筋肉に送り届け、運動（例：ランニング）を支える。

心血管系と心呼吸系の相互作用の結果、ランニングのパフォーマンスは、どのように向上するのだろうか？端的に言えば、この2つの系が発達すればするほど、体内の血液量が増える。血液量が多いということは、酸素を多く含んだ赤血球を、より多く筋肉への動力供給に使え、解糖系と呼ばれる経路でエネルギー産生がされるときに、その助けになる血漿が増える、ということである。

ランニングのパフォーマンス向上に関与するファクターは、ほかにもある。神経筋の能力、筋持久力、筋力、柔軟性である。これに十分に発達した心胸郭系（心臓と肺は胸部にあるのでこのようにも呼ばれる）という、強力な基盤が加われば、こうしたファクターは、持続可能なパフォーマンスアップの助けとなる。

血中の CO_2 は O_2 と交換される

右　左

肺

心臓

血中の O_2 が CO_2 に交換される

静脈　動脈

組織（例：筋肉）

図2-4　心臓・肺・筋肉を循環する血液

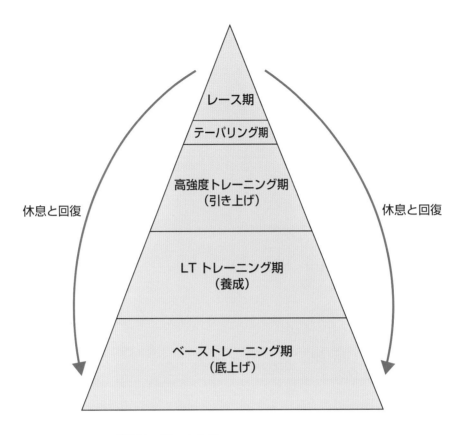

図 2-5　トレーニング進行モデルの各期

　前項で述べた理論は、トレーニングモデルに応用されたときに、運動科学と呼ばれるものとなり、ランニング・パフォーマンスを向上させるための有用な下地となる。次項で紹介するトレーニング論も、心血管系・心呼吸系の構造と生理学に根ざしたものである。

古典的なトレーニング進行モデル

　トレーニング進行モデルで古典とされているものを**図2-5**に示した。このモデルには通常、しっかりとした基盤、つまり導入期がある。この期ではイージーランニングを徐々に（体力がつくにしたがい）継続時間を伸ばしながら行うとともに、低負荷・頻回の筋力トレーニングを行う。次の期ではたいてい、筋力（パワー）を高めるランニング（LTトレーニングやヒルトレーニング）を行う。継続時間は導入期より若干短くなるものの、依然としてかなり長い。筋力トレーニングでは負荷を上げる。最終期には、高強度（$\dot{V}O_2max$）のランニングを行う短い期間、筋力トレーニングを行うメンテナンスの期間、計画的な休息を設ける期間（テーパリング）がある。こうした進行モデルを、結果の良し悪しや今後目標とするレースの距離によって調節し、最後に休息を明確な目的とした期を入れてから、次のサイクルに入る。そしてパフォーマンスを求める競技生活が続く限り、このサイクルは繰り返される。

　本項では、異なるトレーニング理論とその応用について説明する。しかし、一見異なるトレーニン

グ理論でも、煎じ詰めれば意味は同じということは、往々にしてある。トレーニング用語は体系化されていないため、指導者たちが同じ用語を同じように理解し、同じように使っているとは限らない。本項の目的は、異なるトレーニング理論の全体的なコンセプトを紹介することにある。そして、言葉の定義上の違いによって各理論が十分に理解できないなら、その橋渡しをしたい。

　極言すれば、ランニングのトレーニングも筋力のトレーニングも目的は同じ、つまりランニングのパフォーマンスアップである。古典的なトレーニング進行モデルによれば、この目的を達成するためには、乳酸性作業閾値（LT）強度のペースを速くする必要がある。このLTペースは一般的に、非エリートランナーが8〜10kmのレースを問題なく走れるペースと定義されている。ペースは、具体的な数値ではなく、幅をもたせて表されることが多い（例：1km5分〜5分5秒、など）。特定の数値だと限定的で、コースコンディションや地形、天候の違いに対応しない。

　これまで、LTペースを速くするために、いくつものトレーニング理論が指導者や研究者によって提唱されてきた。それらは底上げ・養成・引き上げの3つに大別される。つまり、有酸素性作業閾値（AeT）強度のトレーニングでLTを底上げする理論、目標値であるLT強度のトレーニングでLTを養成する理論、そして$\dot{V}O_2$max強度のトレーニングでLTを引き上げることで現行のLTペースをより楽に、経済的にする理論である。

　進行モデルの各期におけるランニングの大半は、持久的なランニングか比較的楽なランニングである。このトレーニング期に名前をつけて図式化すると、各期のトレーニング目的を視覚的に理解することができる。

ベーストレーニング期／導入トレーニング期（底上げ）

　ベーストレーニング（導入トレーニング）期のコンセプトは比較的シンプルだが、その応用は若干込み入っている。ベース期を大きくとるという考えは、リディアード・スタイルによるトレーニングの根本原理である。このリディアードによるトレーニングは、1950年代から1960年代にかけて広まった。リディアード理論によると、ベース期のランニングペースは、常に楽な、きつくもなく嫌気性運動でもない（つまり酸素が介在する）強度である（ただしリディアードはAeTを高めるには、それより速いペースの強度を勧めている）。またベース期のトレーニング量は、徐々に増やすべきであり、休むかトレーニング量を落とす週も設けなければならない。そしてその目的は、トレーニング量を増やし続ける負担を和らげるため、回復を促進するため、そして新しいトレーニング負荷への適応を促進するためである。こうしたリディアードの考えには、ほとんどの指導者が賛同するだろう。

　3週間サイクルによる組織だったアプローチとはどういうものか。その一例を挙げると、ランニングのトレーニングは週4〜6日、1週目から2週目までのトレーニング量増加率は10%（この10%という数値には特に脈絡がなく科学的に実証されていないようだが、目安として悪くない値である）、3週目は1週目と同じ量に戻る、というトレーニングになる。ケガを予防するには、週に一度のロング走を週間トレーニング量の25%以内にすべきである（『ダニエルズのランニング・フォーミュラ 第3版』参照）。ただし、なかには最大33%という名コーチもいて、ピート・フィッツィンジャーとスコッ

ト・ダグラスなどは、共著『アドバンスト・マラソントレーニング』のなかで、比較的長いランニングを週に２回行うことを勧めている。さらに筋力トレーニングを２回か３回、ウエイトの重さではなく正しいフォームと動きを重視して行えば、ランニング・トレーニングの補完になる。

　10kmよりも長いレースに向けてトレーニングを行うときは、このトレーニング期がいちばん長くなる。なぜならば、トレーニングによって得られる心胸郭系の適応が（スピードや筋力に比べて）遅いからである。ペースが比較的遅いと長い時間がかかるため、繰り返し酸素の吸入が行われて心臓のポンプ機能が働き、肺から心臓、心臓から筋肉へと血液が間断なく流れることが必要になる。こうした作用のすべてが毛細血管の発達を促し、血流を改善する。毛細血管の発達が促進されると筋肉により多くの血液が運びこまれ、筋肉の適正な機能を阻害しかねない老廃物が、筋肉やその他の組織から排出されやすくなる。しかし、このような適応には時間がかかる。事実、長距離ランナーの心血管系が十分なまでに発達するには、10年以上の時間を要することもある。これに比べ、速いペースが専門のランナーはおそらくその半分で済む。スプリンターは20代前半から半ばまでのあいだに、エリートレベルで競技できるようになるが、長距離ランナーは20代半ばをすぎないと、絶頂期にはなかなか達しない。その理由は、このように発達に長い期間がかかることにある。

　ベース期というトレーニング要素の重要性を無視・軽視するトレーニングプログラムは、運動科学の原理を蔑ろにしているに等しい。楽な強度の有酸素走が全般的に基盤となっていなければ、どんなプログラムでも水泡に帰すのは目に見えている。では、どのくらい長くベース期を続けるべきか。こういう質問はよく耳にする。一見簡単なこの質問に対する１つの決まった簡単な答えはない。しかし、ランニングの体力と筋骨格系の力が十分に向上するのに必要なだけ、というのがベストアンサーだ。その判断基準は、毎日のランニングがどれだけ楽に「感じる」か、という主観である。しかし、飽きたり、やる気がなくなったりするほど長く続けるべきではない。ベテランランナーの場合、10kmより長いレースに向けてトレーニングをするなら、６〜８週間が目安となる。これが10km以下ならば４〜６週間である。いっぽうランニングをこれから始めようとする人の場合、ベース期はもっと長くなり、４〜６カ月という単位で期間をとることが、まず必要になるだろう。

　もう１つ、よく聞かれるのは、「楽な」ランニングではどのくらいのペースで走るべきなのか、ということである。LTの測定や運動負荷試験ができず、正確な数値が得られない場合に従来推奨されてきたのは、最高心拍数の70〜75％という値である。ほかの方法には、マフェトン博士が開発した公式がある。この公式により自分の理想的な最大エアロビック心拍数を求めることができる（最高心拍数と混同しないように）。この公式では、まず180から自分の年齢を引き、その値から調整値を加算あるいは減算する。すると最大エアロビック心拍数が求められる（調整値とは、最近のトレーニング量や健康状態に関する設問の答えから導かれる数値）。詳しくは、マフェトン博士の論文 "The 180 Formula: Heart-Rate Monitoring for Real Aerobic Training" (2005年５月６日 https://philmaffeton. com/180-formula) を参考にされたい。このほか、レースやフィールドテストの結果とペース表を照らし合わせることでも、有酸素性トレーニングのペースを決めることができる（『ダニエルズのランニング・フォーミュラ 第３版』を参照）。ダニエルズの開発した表はきわめて正確であり、データの効果的な使い方を教えてくれる。

　ベース期の筋力トレーニングの取り入れ方としてベストなのは、全身の筋力向上のためのエクササイズを複数種目、それぞれ10〜12回ずつ行うことだ。細かく言うと、機能的筋力は、常に重要であることに変わりはないが、ベース期においては筋持久力や全身の筋力向上ほど重要ではない。もし初めて筋力トレーニングに取り組むならば、エクササイズを正しく行うことが、何よりも重要なポイントである。また、休息期のあとに筋力トレーニングを再開するのであれば、ランニングと筋力トレーニングを組み合わせたトレーニングプログラムの負担に慣れるのが目標になる。筋力トレーニングは週に2、3回行うべきだ。しかし、週に1日は、まったくエクササイズをしない日を設けるべきである。そうなると、週4〜5回走るプログラムの場合、筋力トレーニングは、走る日（走後に行う）、走らない日の両方で行う必要が出てくる。

リディアードモデル（底上げ）

　故アーサー・リディアード（1917〜2014）は、有酸素走によるトレーニングのパイオニアだった。リディアードのコンセプトは多くの人から非常に高く支持されており、今でもリディアード・ファウンデーションによって、そのコーチング理論が継承され、実践に活かされているほどである。リディアード・トレーニングと言えば、LSD（long, slow distance）という言葉がつきもののように考えられてきたが、その主眼は、長時間・スローペースのランニングにあるのではなく、むしろ一定強度による間断のないランニングと表現するほうが適切だ。さらに言えば、エミール・ザトペック（旧チェコスロバキア）が考案したと（表向きには）され、彼の成功により1950年代に世界を席巻していたインターバルトレーニング理論とも、相容れないものである。

　リディアード・トレーニングを実施するには、有酸素性作業閾値（AeT）を超えない強度で、できるだけ速く間断なく走ることが必要である。AeTは、血中乳酸濃度が2mmol/ℓ程度になる強度と一般的には言われている。リディアード・トレーニングの究極的な目標は、乳酸が血中濃度3.6〜4.0mmol/ℓ近くまで蓄積しない範囲（のランニング）で、AeTでのスピードをできるだけ速くすることにある。ランニング用語を使って言えば、AeT、ひいては乳酸性作業閾値（LT）を底上げするということである。LTとは、身体が過剰な乳酸の蓄積に対し、ペースを落とすという形で応答し始めるポイントのことである。乳酸蓄積モデル全体（具体的に言うと3.6mmolから4.0mmol/ℓを上限とする範囲）は、若干随意的であるように思えるが（本章後半の「中枢制御モデル」の説明を参照）、運動生理学者のあいだでは優勢な理論である。なぜなら、運動中に採取した血液を分析し、数値を実際に測定することができるからである。

乳酸性作業閾値トレーニング期（養成）

　乳酸性作業閾値（LT）は、運動生理学者、指導者、ランナーが交わす話題のなかでも、中心になるトピックである。ここでは、LT に関する理論の数々について、敢えて明言することは避け、LT を、ランニングを形容する言葉として使いたい（LT は、無酸素性作業閾値、乳酸転換点、乳酸カーブという言葉に置き換えて考えてもらって構わない）。この LT ランニングでは、（ペースを上げたときの筋収縮のしかたにより）血中乳酸濃度が上昇してしまい、より速く走ること、そして同じペースでより長く走ることが不可能になる。これを非科学的な言葉で表現するなら、心地よいきつさ、ということになる。そして、疲労困憊にならずに 8 〜 10km 程度維持できる強度である。レースペースで言うと 10km のペースに近い。

　乳酸塩（乳酸ではない）は、長時間の運動のあいだ、筋肉によって利用されるエネルギー源である。筋肉から放出された乳酸塩は、肝臓でグルコースに変換され、エネルギー燃料として利用されるのである。これまで、高強度運動時のパフォーマンスを制限する化学副産物について議論されるとき、ずっと犯人にされてきたのが乳酸である（化学的には乳酸塩と同一物質ではないが、通例、同じ意味で使われる）。しかし実際には、疲労を引き起こすことはなく、むしろ乳酸塩には、血中グルコース濃度の低下を遅らせる働きがある。そしてこれがパフォーマンスの助けとなるのである。

　LT トレーニングもランニング・パフォーマンスを向上させる力となる。なぜなら、基礎的な有酸素走や回復走よりも、心胸郭系への刺激が大きいからである（もちろん、イージーランニングによる基礎がなければ、有酸素性の体力が十分にできておらず、ケガのリスクもあるため、LT トレーニングをきちんと実行することさえできない）。それだけではない。LT トレーニングは比較的短時間で済むため、運動刺激が強いわりには、筋骨格系への衝撃が小さい。よって、心地よい程度のきついランニングを 15 〜 35 分間行えば（レースの日程と実施のタイミング、つまり目標レースの日とトレーニングの日の間隔によって、継続時間には幅がある）、心胸郭系の発達を加速させることもできる。テンポランニングと言う言葉もあるが、LT ランニング、クルーズインターバル、1 マイルインターバル、ペース走（テンポランニングよりもやや遅い）のように、形を変えて行われる。これらはいずれも LT 強度で行われるタイプの練習であり、ペースと継続時間が若干違うだけである。結局のところ、これらのランニングを行えば、どの形でも LT タイプのランニングの目的、つまり乳酸濃度 4mmol/ℓ を達することができるのである（走行中に血液を採取することができたと仮定して）。これに対し、楽な有酸素走では、乳酸はほとんど産生されない。

　LT タイプトレーニングの資料としては、『ダニエルズのランニング・フォーミュラ 第 3 版』が参考になる。このなかで、著者ジャック・ダニエルズは、推奨ペースと継続時間を指定しているが、その根拠としているのは、体力レベルと目標レースの距離である。LT ランニングは $\dot{V}O_2max$ の強度よりも、身体への負担は少ないが、どんな形で行うにしても（テンポランニング、クルーズインターバル、1 マイルインターバル）、回復には有酸素走や回復走よりも長い時間がかかる。LT トレーニング期においても、非エリートランナーの大半は、せいぜい 2 週に 1 度行えばよい。そして高強度の練習として扱うべきだ。したがって、LT ランニングをするなら、イージーランニングとウィンドスプリン

ト1セット（40〜60mの速いランニング）を前日に行うべきである。そして、LTランニングを行った翌日は、イージーランニングか休養日とすべきである。

　ここで注意してもらいたいのは、LTトレーニング期であっても、その大半を占めるのは、依然としてイージーランニングだということである。導入期と違うのは、LTタイプのトレーニング（および特定のヒルトレーニング）を導入する、という点だけだ。

　LTトレーニング期に行う筋力トレーニングは、個人によって大きく異なる。重視すべきなのは機能性エクササイズであり、弱点を克服できるようなもの、より速く走ることに直結するようなものを行う。例を挙げると、腕の筋力がない場合、腕のエクササイズを、比較的少ない回数（4〜6回）・比較的高い負荷（疲労困憊まで）で行う。また、5kmのレースに向けてトレーニングをしているなら、ハムストリングスの機能的な筋力を鍛えることも重要である。そのための効果的な筋力トレーニングを2つ紹介すると、1つはダンベルを使ったルーマニアン・デッドリフト、もう1つはグッドモーニングである。この2つはハムストリングスと臀筋群の両方を使うので、ランニングの動作に関わる部位にかなり効く。ただし強度の高さを考えると、筋線維が修復されるように回復期間を設けなければならない。そして、負荷を増やしても適応できるようにすることが必要だ。したがって、筋力トレーニングは週2回行えば十分である。

インターバル（$\dot{V}O_2max$）トレーニング期（引き上げ）

　インターバルトレーニングとは、比較的短い距離を、一定間隔でのレストを入れて速く走るトレーニングの総称である。速いランニングのあとには必ずレストがくる。そしてそれを複数回繰り返す（この繰り返しを何セットか行うこともある）。チェコの長距離ランナー、エミール・ザトペックがこのトレーニング理論を世間に広めたのは、1940年代後半から1950年代にかけてのことである。当時彼は400m×80というすさまじい練習を、森の中でミリタリーブーツを履いて行っていたのだが、この練習が、1952年ヘルシンキ・オリンピックでの3つの金メダルへと彼を導いたのである。しかし、ザトペック・システムには難点があった。それは、とにかくトレーニングの量に物を言わせたこと、そして1週間のなかで不定期的に練習を行ったことである。彼のトレーニングプログラムのなかには、身体の十分な回復、有酸素性体力の向上をもたらすイージーランニングが、ほとんど設定されていなかったのだ。

　インターバルトレーニングのバリエーションには、$\dot{V}O_2max$強度で行うさまざまな形の練習があるが、パフォーマンスアップの強力なツールとなるのは、それまでのトレーニングを行ったうえでのことである。インターバルトレーニングの目的は、LTを一段階上のレベルに引き上げることにある。そのためにするのが、LTのペースより速く走ることなのだ。

　$\dot{V}O_2max$とは、最大運動つまり疲労困憊に至る運動における、酸素消費速度のピークである（**図 2-6** 参照）。$\dot{V}O_2max$の測定［生データ、（年齢、性別などによる）調整データ］には、疲労困憊までの走行など、さまざまな方法がある。$\dot{V}O_2max$を特定することができれば、それに相当する心拍数で行う練習を設定し、トレーニングプログラムに組み入れることができる。強度や反復回数は、（可能

だとしても）疲労困憊に達するような設定にしなくてよい。しかし、心拍数が短時間（3～5分程度）$\dot{V}O_2$max 相当に達することは必要である。

　$\dot{V}O_2$max トレーニングの目的は多種多様である。$\dot{V}O_2$max トレーニングでは、筋肉がフル活用される速さで収縮することが求められるため、神経系による筋肉の協調を重視し、神経筋を強化することができる。しかし、より重要なのは、心血管系と心呼吸系を最大の効率で機能させることである。酸素に富む血液を筋肉に運搬し、解糖系（エネルギー産生プロセス）で生じた老廃物を取り除けるようにするのだ。

　$\dot{V}O_2$max 強度のトレーニングでは、身体システムの多くが集中的に動員されるため、紛れもなく強力なトレーニングツールと言える。$\dot{V}O_2$max トレーニング期の効果を十分に得るためには、適切な時期に組み込まなければならない。トレーニング期を逆行し、$\dot{V}O_2$max の練習を最初に持ってきて成功したと言うランナーも、なかにはいる。しかし、パフォーマンスアップを目的としたプランに、$\dot{V}O_2$max トレーニングを組み込むベストのタイミングは、楽な有酸素性トレーニングや回復トレーニングを行う長い基礎トレーニング期を終え、なおかつ特定種目に向けた LT トレーニング期を終わらせたあとである。さらに言っておくべきことがある。それは、$\dot{V}O_2$max トレーニング期では、休養が重要な要素となる、ということだ。$\dot{V}O_2$max トレーニングにより身体は強い運動刺激を受けるが、その適応を促進するのは、休養なのである。きつい練習を行い、休みを入れずに何度もレースに出ていれば、賢いトレーニングになるなどと、思い違いをしてはならない。短期的にはうまくいくかもしれないが、結局はケガにつながったり、過度に疲労したりする。

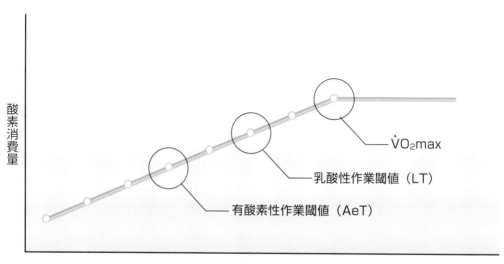

図 2-6　運動強度に対する酸素消費

$\dot{V}O_2max$ トレーニング期で行う筋力トレーニングは、セットで行うべきである。きわめて機能的かつ種目と個人の筋力に特化したエクササイズを、いくつか組み合わせる。たとえば体幹の強いマラソンランナーならば、体幹のトレーニングを12回ずつ複数セット行うエクササイズが考えられるが、バランスをとるためには、腹部、腰部、胴体全体、とエクササイズを等しく分けて行う。この場合、重視するのは、筋持久力である。これとは対照的に、スピード重視の5kmの選手の場合、LTトレーニング期に行っていた低回数・高負荷のルーティンを続け、それと並行して大腿部、体幹、胴体上部を重点的に鍛える。

トレーニングプログラム全体では、$\dot{V}O_2max$ および $\dot{V}O_2max$ 特有のトレーニング（よく、インターバルトレーニングという言葉が使われる）が最も重要だと考える運動生理学者は多い。この考え方に対しては、LTトレーニングを重視して成功した人を見てきた指導者、あるいは自身が成功した指導者が、異を唱えている。しかし、この論争に関する見方がどうであれ、$\dot{V}O_2max$ 特有のトレーニングは、それまでのトレーニングを実施したうえで行えば、パフォーマンスアップの強力なトレーニングツールになる。

テーパリング期・レース期

ベーストレーニング期、LTトレーニング期、$\dot{V}O_2max$ トレーニング期を終えたあとは、レースを走る前に必ず、休養が通常よりも相対的に多い期間、つまりテーパリング期を設定しなければならない。しかし、こう注意したからといって、必ずしも初期のトレーニング期でレースに出てはいけない、という意味ではない。事実、初期のトレーニング期に練習レースを走れば、トレーニングの進捗を評価するデータ点を1つ（あるいは複数）得ることができる。休養（テーパリング）なしで練習レースに臨むと、（1回、あるいは2回以上の）本命レースで求められる強度の増加に身体がどう応答するのか、正確につかめなくなる。それでも、時おり練習レースに出ていればトレーニングの代わりになり、1人で行う単調な練習の退屈さを紛らわすこともできる。

テーパリングをしているあいだは、走る強度は落とさずそのまま維持する。落とすのは、走る量と頻度だけである。たとえば、5,000mに設定している練習があれば、3,000mに減らす。同様に、LTトレーニングとインターバルトレーニングを週に1回ずつ行うところを、レースに特化したトレーニング1回だけにする。このようなアプローチをとれば、身体が受ける刺激は減り、1回限りの（あるいは複数の）本命レースに向け、回復がより進む。テーパリング期間の長さは、マラソンであれば通常2～3週間、それ以下の場合はレースの距離に応じて短くなっていく。

トレーニング進行モデルから得られる成果

各トレーニング期は、前の期を完了して得られる副産物が基礎となっている。それぞれが独立したブロックなのではなく、互いに結びついているのだ。具体的に言うと、ベース（導入）期を終えると、毛細血管新生が促進し、それが結果的に血液量の増加、筋骨格の強化につながる。そうなれば、理論上、より効率的なランニング動作になる。またLTトレーニング期では、心胸郭系の強化が進み、筋肉の収縮が速くなることによって筋骨格系の適応が増大し、（速いランニングの）刺激に対する神経の応答が高まる。こうしてランナーのパフォーマンスがさらに前進する。そののち、$\dot{V}O_2max$ 期の

トレーニングで LT を引き上げることにより、それまでの LT ペースが有酸素走のペースになるのである。嫌気性（新たな酸素の供給がない）トレーニングが、長距離走に実践的に応用されることは、ほとんどない。また、非エリートランナーのトレーニング進行に組み込みこまれることも、ほぼない。

　各トレーニングのペース、継続時間、レストについては、多くのトレーニングマニュアルで具体例が紹介されている。そして、各トレーニングタイプを実際にどう応用するかは人によって異なるが、各トレーニング期別に推奨されている筋力トレーニングを実践することで、目標とするレースのきつさに対して身体を準備することになる。

　心胸郭系の強化を基盤にしたトレーニングプログラムを実践すると、その結果としてパフォーマンスが向上する。それを可能にするのは、「エンジン」（心臓と肺）の機能向上と、筋力トレーニングによって強くなった「車体」である。$\dot{V}O_2$ max のポイントを決めるのが、心臓の疲労であろうと、筋肉の疲労であろうと、心胸郭系が向上すれば、疲労困憊のポイント（心拍数で測定できる）に達したときのペースはより速く、距離はより長くなる。こうしてパフォーマンスの向上は目に見えてわかる。しかし、車のたとえを続ければ、脳もまたランニング・パフォーマンスの「制動装置」となっていることが最近わかっている。具体的に言えば、身体がうまく機能しなくなるポイントを脳が決めている、ということだ。

中枢制御モデル（Central Governor Model: CGM）

　「できないことはない、頭でそう考えてしまっているだけだ」。競技志向のシリアスランナーならば、数えきれないほどこの言葉を聞かされてきただろう。練習やレースで速く走れなかったり、長く走れなかったりしたときに（あるいは走り始めることさえできなかったときに）、指導者や練習パートナーの口から出るセリフだ。ペースダウンしたい、いっそ止まりたい、というのは身体の問題ではない、心の持ちようの問題なのだというのが、その真意である（実は神経の問題だが）。こういったセリフはよく、あがり症や競争心の欠如を指す言葉として使われてきた。

　1990 年代後半、南アフリカのティム・ノークス博士は、ランニング中に覚える疲労感は、実際には頭のなかにあるのではないか、という仮説を立てた。頭と言っても、前項で述べたようなことではない。ノークスは、ある特定の生理学的な条件が揃うと、無意識のメッセージが神経を介して脳から筋肉に伝達される、と仮定したのである ［A. St. Clair Gibson and T.D. Noakes, "Evidence for Complex System Integration and Dynamic Neural Regulation of Skeletal Muscle Recruitment During Exercise in Humans", *British Journal of Sports Medicine*, 38（6）:（2004）797-806］。この理論では、脳が身体の動きの支配、細かく言うと運動強度の支配をしており、それによって身体は消耗するようなダメージから守られている、というのである。別の言い方をすると、無意識のうちにホメオスタシスが保たれ、運動やトレーニングの量を実行できるようにコントロールすることで、身体が壊れてしまうのを回避する、ということである。この理論においては、ランナーの最終的なリミッターは乳酸ではなく、運動の「中枢制御」として機能する脳である。これが、中枢制御モデル（Central Governor Model: CGM）である。

運動で生じる疲労は、一般的に2通りに説明される：1つは、結局のところ脳と脊髄の活動が、頭のなかの中枢性疲労を反映しているという考えである。もう1つはこの逆で、筋肉を動員する最大努力の運動は末梢性疲労の領域であり、これが身体に影響を与えているという考えだ。

　身体と心を完全に分けて考えるのは、不可能に思われる。しかし、広く受け入れられている乳酸理論の思考体系はまさに、身体と心を区別することにある。乳酸理論は、ランナーをペースダウンさせるのは高強度のランニングに対する生理学的な応答だ、という前提に立っている。CGM理論でも、心と身体は分けて考えられるが、乳酸理論ほど明確な区別ではない。しかしCGM理論においても前提となる考えがある。それは、ランナーが持つ疲労に耐えうる能力は、運動努力に対する先入観（意識的なもの・無意識なもの）によって制限されており、その目的はホメオスタシスを保つことにある、という考えである。よって、もしも無意識の再プログラム化ということがあり得るとすれば（意識的な自己コントロールは、時間を経ると減弱する）、それまでの運動努力に対するリミッター（ひいてはパフォーマンスに対するリミッター）は取り払われ、ランナーはより速く、より長く、走れるはずである。

　何がパフォーマンスを制限しているのか。おそらくこの疑問に対する本当の答えは、従来の乳酸蓄積モデルとCGM理論との相互作用である。運動強度がある一定レベルになると血中乳酸濃度がパフォーマンスの制限に関わり始めるという見解は、広く受け入れられてきたが、CGM理論が提唱されたのは、この既存の見解に異常値が多く存在する理由を説明するためでもあった。いっぽうそのCGM理論にも、パフォーマンスを制限する唯一のファクターであるというには弱点があり、議論の的となっている。つまり、心（ランナーの神経学的・心理的要素）が身体（ランナーの生理学的要素）に対してなんらかの指令を出さないと、中枢統御において神経回路が再編されてしまえば、どんなに速く、長く走ろうとも、リミッターが効かなくなるのではないか、ということだ。よって、ある種の生理学的な決定因子（乳酸など）が役目を担っていると考えるのが妥当である。CGM理論については、アレックス・ハッチンソン著『限界は何が決めるのか？　持久系アスリートのための耐久力（エンデュアランス）の科学』で触れられている。脳がパフォーマンスにおいて果たす役割の詳細については、同書を参考にされたい。

　結局いちばん重要なのは、この2つの理論を組み合わせる妥当な割合を突き止めることはできるのか？　ということだろう。そして、もしそれが可能なら、どうしたらその妥当な割合を、筋線維組成などの生理学的要素や心理学的強み・弱みの異なる個々のランナーに当てはめることができるのか？　ということだ。この問いに対する答えは複雑に絡み合っていて、1つひとつ分けて考えることは難しい。たしかに我々は妥当な数字を割り出すことはできる（時を経るとともにその数字は変化するかもしれないが）。しかし、そのベースとなるのは個人である。つまり、1つの決まった完璧な割合、というものは存在しないということだ。筋線維の割合が1人ひとり異なるように、心理学的な特質も違う。したがって、この2つの理論を組み合わせる割合を導き出す鍵は、個々の生理学的・心理学的特質を（指導者またはランナーの立場から）理解することにある。

筋力トレーニングのガイドライン

　以下に筋力トレーニングのプランを紹介する。このトレーニングは記録向上を約束するものではないが、より強い筋力の基盤を作ることは請け合う。この基盤ができれば、トレーニングを行いながら、正しいフォームを身につけ、維持することができる。そして正しいフォームを維持すれば、ケガのリスクをゼロとは言わないまでも、最小限に抑えられる（安全なトレーニングプランであることが条件である）。それが継続的なトレーニングを可能にし、さまざまな向上につながる。そしてその向上のなかに、タイムの向上が含まれることもある、というわけである。主観的なパフォーマンス向上も当然このなかに含まれる。

　第4〜8章では、ランニングの影響を受ける身体の各部位について詳しく検討する。まず足と足首（第4章）、そこから上に向かって脚（第5章）、体幹（第6章）、肩と腕（第7章）そして、胸部と背部（第8章）と続く。各章ではまず、該当部位がランニングにどう関与するのかということを説明し、次にエクササイズを紹介して、その目的と正しい実施方法について説明する。

　第9章では、一般的なランニング障害について扱い、予防と回復のためのエクササイズ（障害予防、リハビリ）を紹介する。筋力トレーニングには、さまざまなアプローチがあり、ウエイト不要の理学療法エクササイズ、マシンを使ったレジスタンス・エクササイズ、フリーウエイトを使ったエクササイズがある。本書ではこれらのエクササイズを紹介するにあたり、動きの効果とやりやすさのバランスをできる限りとった。もちろん、各筋群のエクササイズについては、本書以外にも素晴らしいものが無数に存在するから、そのなかに好みのものがいくつかあるかもしれない。自由に追加してトレーニングプログラムにバリエーションをつけ、バラエティに富んだものにしてほしい。

ウエイト

　まず必要なのは、毎回よく注意してウエイトを選び、エクササイズを行うことだ。動作を繰り返しているあいだ正しいテクニックを保てるようなほどよい負荷のウエイトにする。筋力が向上し、エクササイズがやりやすくなり、適応していることがはっきりしたら、ウエイトを増やす。最後の2、3回であっても、適切なテクニックが保てなくなるようだと、ウエイトは重すぎる。そのような重いウエイトは決して使わないこと。

　ウエイトを決めるときは、強化する身体の部位についても考えるべきである。たとえば、胸筋は大きな筋肉であり、扱える仕事量も大きい。しかしそれとは対照的に、上腕三頭筋ははるかに小さな3つの筋肉から成るため、主動筋として使われると直ちに疲労する。そのうえ、上体の運動の多くに二次的に関与するため、特化したエクササイズを行う前に、すでに若干疲労しているのだ。したがって、上腕三頭筋のエクササイズは、ほかの腕の筋力トレーニングをする際に1回行えば、強化としては十分である。反対に、上腕三頭筋よりも大きな胸筋が十分に疲労するには、胸部を使うエクササイズを何種類も行うこと、または同じエクササイズを頻回行うことが必要である。

反復回数

　反復回数は、各エクササイズの筋力トレーニングとしての目的、そして筋力トレーニング全体におけるその日の目的によって、変えるべきである。たとえば、月曜日にダンベルプレス20回を2セット、腕立て伏せ30回を1セット行い、胸部全体のトレーニングにするならば、金曜日はウエイトを重くして、ダンベルプレス12回を1セット行ったあとにインクライン・バーベルプレスを10回2セット、腕立て伏せ15回を3セット行う、というトレーニングが考えられる。原則として、エクササイズの回数が少なければウエイトは重く、回数が多ければウエイトは軽くする。

呼吸

　力を使ってウエイトを動かすときは、息を吐く。遠心性の動き、つまりウエイトに抵抗するときは、息を吸う。要するに、動きを起こすときには吐き、動きに抵抗するときには吸う、ということである。エクササイズをするときは、コントロールされた動きで可能な限りスムーズに行い、呼吸のパターンと合わせる。動きに抵抗しているあいだ（息を吸っているあいだ）は4秒、動きを起こしているあいだ（息を吐いているあいだ）は2秒という呼吸パターンが一般的である。

スケジュール

　筋力トレーニングは、ルーティンを変えながら行うのがよい。しかし、「運動プラス回復イコール適応」という考え方には注意も必要だ。運動は時間の経過とともに、量（抵抗の量）と質（エクササイズのタイプ）の両方を変えなければならない。筋力を継続して高めていくためには必要なことである。

　本書では、検討する身体の部位ごとに、複数のエクササイズを（ときにバリエーションを加えて）紹介する。これらを組み合わせることで多くのセッションを作ることができる。各エクササイズの目的は、ランニングにきわめて深く関与する部位の強化にある。セッションは、実施するエクササイズ、セット数・回数、順番を変えれば、体力や時間的制約に応じて自分仕様にすることができる。30分以上行う必要はない。週に2回か3回行えば、トレーニングやレースで使う特定の部位が強化され、パフォーマンスが格段に向上する。

　しかし、ただウエイトを上げていればランナーとして向上する、ということではない。言いたいのは、適切な筋力トレーニングから得られる筋力がパフォーマンスアップに役立つ、ということである。筋力トレーニングは特に呼吸を助け、動作周期を阻害しケガにつながる筋力の不均衡を減らすことができる。

まとめ

　本章では、トレーニングの進行モデル、ランニングのリミッターについて説明した。さらにランナーのための筋力トレーニングについても触れた。筋力トレーニングに関しては、引き続き第4〜8章で、部位ごとに詳しく検討し、機能的なエクササイズを紹介する。しかしその前の第3章で、パフォーマンスに影響する外的なファクターを取り上げたい。

EXTERNAL FACTORS THAT AFFECT PERFORMANCE

パフォーマンスに影響を及ぼす外的なファクター

　ランナーなら誰しも、こんな状況で走れたら最高、というイメージを持っているはずだ。それはたぶん、こんなところだろう：風は涼しく穏やか、路面は走りやすく、コースは心持ち下っている。周りを走るランナーたちは支え合う仲間でもある。しかし悲しいかな、実際にこうなることは、ほとんどない。そして誰もが現実を眼前にして、ある種の妥協を強いられる。天気はぐずつき、風は強くて寒いかもしれない。路面は轍ができていてガタガタ、周囲を見渡せば工業地帯、隣のランナーは敵意むき出し。こうした環境で心と身体がとる道は、勝ち目のない条件に対して適応するか、あるいは白旗を上げるかの、どちらかだ。ランニングというスポーツから否応なしに突きつけられる環境に、どう適応し、対処するか。本章では、その方法を検討する。極端なランナーの例を挙げてキーポイントを説明するが、ほとんどのランナーは、そのさまざまな状況のなかに、折り合いのつくポイントを見つけることができるだろう。

暑熱と湿度

　本命レースの日。３カ月あるいは４カ月、準備をしてきたのはこの日のためだ。しかし朝起きてみれば、フィニッシュ地点にたどり着けそうもない天候。マラソンランナーにとって、これほど最悪のシナリオはない。たとえば、気温が華氏何度あっても、露点温度（大気中の水蒸気が飽和点に達する温度）（訳者注：この場合は露点温度も華氏）との合計が 100 を超えると、設定ペースの変更は免れない。もちろん遅いほうへの変更だ。このように、気温が 56℉（13℃）で露点温度が 46℉（8℃）という、一見マラソンにはうってつけのような日であっても、ペースを「正規化」するには、若干遅くする必要がある。暑熱はパフォーマンスにどう影響するのか。その１つに、発汗による電解質の喪失がある。発汗により冷却のメカニズムが働くと、筋肉と心臓へ向かっていた血流がほかの場所に流用され、それが心拍数の増加につながる。この速くなった心拍数は、運動強度が増した結果と似ているため、身体は設定されたペースを維持することができなくなり、ペースダウンという形で応答するのである。

自分は天気に勝てる。そう思うのは、大間違いである。練習やレースのかなりの部分はなんとかし
のげても、結局はそのつけが回ってくる。いつもトレーニングをしている場所のおかげで暑熱順化に
なる、という場合はさほど問題にならない。しかし、高温高湿下で最大のパフォーマンスを発揮する
ことに特化したトレーニングでない限り、ペースの調整をせずに高温高湿下でトレーニングを続けて
いれば、そのトレーニング自体がレースへの備えを台無しにしてしまう。1世代、または2世代といっ
た長期にわたる暑熱順化は、理屈の上では進化性の順化になる。しかし、短期の適応では、単に耐性
が高まるだけである。耐性の変化に関しては、高温や高湿というコンディションに対して、中枢神経
系（「中枢制御」として機能する：第2章参照）がより快適に「感じ」、その結果ホメオスタシスとい
う概念を調整するに過ぎない、という仮説もある。言い換えれば、このような短時間では、確固たる
適応はほとんどみられないだろう、ということである。

　そうなると、敢えて高温高湿下でレースのために練習をするのは、ほとんど無駄に思える。無駄そ
のものと言ってもいいだろう。いやしかし、そうでもないかもしれない。次に有名なエピソードを紹
介する。

　アルベルト・サラザールは1984年のロサンゼルス・オリンピックに向けて、暑熱順化のトレーニ
ングを敢行した。彼は日中いちばん暑い時間であり、レースの予定スタート時間でもある午後に走り、
世界的に有名な運動生理学者のチームに依頼して、午後のロサンゼルスのコンディションを再現する
「人工気候室」を作らせた。しかし暑熱順化はしたものの、過度の発汗による脱水に悩まされたサラ
ザールは、直前のマラソンで当時の世界記録にあと35秒という好タイムを出しておきながら、オリ
ンピック本番は15位に終わった。サラザールとは対照的に女子の優勝者、メイン州出身のジョーン・
ベノイトは、「科学」を用いることなく、予想されていたロサンゼルスの暑さと湿気に適応した。たし
かに彼女も暑い時間にトレーニングをすることが多かったが、そのトレーニングは、サラザールほど
暑さ対策に絞ったものではなかったのである。

　サラザールの惨敗とコントラストをなす話がある。時代は1960年のローマ・オリンピックまでさ
かのぼる。このとき、競歩50kmのドン・トンプソン選手が7月のローマのうだるような暑さと湿気の
対策として行ったのは、やかんに湯を沸かして自宅の小さなバスルームを蒸気で満たし、そのなかに
厚手のトレーニングウエアを着て入ることだった。果たして彼はオリンピック本番で、番狂わせの金
メダルを獲得した。ただこれは極端な例なので、真似をしたいと思っても、ぜひ思いとどまってもら
いたい。しかし、レースに似たコンディションでの練習が、なんらかの深刻な害をもたらすことはあ
まりない。しかも研究者のなかにはこれを肯定する者もいる。特に回復に十分な時間をとり、経験か
ら学べるのであれば、賛成だというのである。ランナーがレースコンディションをシミュレーション
することは、100%可能だとは言えないし、アフリカ勢が21世紀の長距離競技界を支配しているのは、
彼ら自身の進化の結果でもある。それでも、彼らのパフォーマンスには、高地に住み、通学のために
8〜16kmほど走らざるを得ない、という生活環境が影響している。もしも先進国の子供たちが同じ
状況に置かれたら、果たしてランニングで同じように成功を収めることができるだろうか？

　次に示す例は、仮説の証明にも反証にもならないが、考察の材料にはなる。つまり、最近の暑熱・

湿度対策は、順化を達成することよりも、一時期だけに限ったものではないか、ということである。たとえばナイキのクールベストだ。これは、同社の支援する選手が2008年に開催された北京オリンピックの競技前に着るように開発したものである。また、これも北京オリンピックの話になるが、オーストラリアの代表選手のなかには、暑さのなかで競技が行われることを懸念し、スラッシュ（甘く味付けしたクラッシュアイス）を飲んで深部体温を下げた者もいた。さらに2015年、やはり北京で行われた世界陸上競技選手権では、ナイキがアシュトン・イートン（当時、十種競技の世界記録保持者であり同社がサポートをしている）のために、アイスハットを開発した。

　つまるところ、レースであろうとトレーニングであろうと、気温と露点温度がパフォーマンスに影響することは確かである。この事実を受け入れてペースを調整しても、厳しい状況で走るつらさは変わらないかもしれない。しかし、ペースを変えれば、強度を「正規化」できるのも確かであり、最大限の結果が得られる。高温または高湿、あるいはその両方が重なりレースでのパフォーマンスが落ちてしまうとき、その「正規化」をするには、自分の全体のペースと前年までのフィニッシュタイムとを比較するのがいちばんである。大会側で同じ時期・同じコースでの気象データを過去10年以上蓄積していれば、使える方法だ。たとえば、フィニッシュタイム4時間40分（1kmあたり約6分38秒ペース）のペースで走るところを、気温と熱環境を示す数値の合計［例：気温65°F（18℃）と露点温度65°F（18℃）だと130以上になる］を計算に入れて2％調整すると、フィニッシュタイムは4時間45分42秒（1kmあたり約6分48秒ペース）になる。目標から5分遅くはなるものの、4時間40分レベルのマラソンランナーが普通のコンディションで達成してきたタイムと比べて遜色ないはずだ。トレーニングにも同じ計算を使う。そうすると、（インターバルなどの練習であれイージーランニングであれ）ペースは遅くなる(www.coolrunning.com/engine/4/4_1/96.shtml のカリキュレーター参照。大会名を入力すると自分が走ったペースがわかるので、そこから調整タイムを割り出すことができる）。

　ペースの計算には Hot Weather Pace Calculator for Runners というアプリが非常に便利だ。これで現在の気温と露点温度がわかる。目標ペースと予定走行距離を入力すると、適正に調整されたペースが提示される。データ活用で差をつけたいランナーには、非常に有用なツールである。残る課題はそのペースで走ることだ。

寒冷な気象条件

　世界屈指のスプリンターがレースに出場するのは、大半が夏期シーズンである。そして彼らの自己ベストが生まれるのも、すべて夏である。なにも偶然ではない。気温がひとたび15℃未満に下がってしまえば、下肢の靭帯や腱の柔軟性はなくなり、筋肉に至る血流は減少する。そして、こうしたことの1つひとつが、ケガに通じる道を作ってしまう。その理由として特に考えられるのは、冬期のトレーニングのやり方である。おそらくトレーニングの大半は室内で行い、そのなかで暖かいウエアを着ることで、夏期の気温をシミュレーションしているからである。

　スプリンターには、筋肉の体積の大きさが必要になる。競技に求められる爆発的パワーを発揮する

ためである。筋肉の体積を大きくするには、筋肉に優しい環境温度でトレーニングを繰り返すしかない。ウエイトは徐々に増やし、ドリルも行う。そうすれば、周りからは一目おかれ、競技では効果を発揮する、くっきりとした筋肉が生まれる。スプリンターのスローモーション画像を見ると、使える筋肉のすべてを使って走っている様子がわかる。全速力で走るスプリンターの脚だけではなく、肩、腕、首、そして唇までも観察するべきである。勝者となるのは、鍵となる要素を個別に、集中的にトレーニングしてきた選手だ。ウサイン・ボルトは、偶然に現れたわけではない。

長距離ランナーであれば、寒冷期のトレーニングとして、室内でトレッドミルを使うこともあるかもしれない。その場合は大きな扇風機を目の前（あるいは若干斜め前）に置いて汗を蒸発させ、身体を冷やす。また、発汗する分、寒冷な状況で走るときよりも水分を多くとる必要もある。

屋外でトレーニングを行うとき、冷気によって喉や肺が「焼きつく」感じがすると言うランナーもいる。こうした感覚は通常、口呼吸によって生じるものである。鼻から呼吸をすれば、外気は肺に届くよりも前に、鼻腔で加温・加湿される。鼻腔は呼吸系の熱交換器として働いているのだ。ぜんそく持ちの人は、冷たい外気に悪影響を受ける傾向が強いが、反応を引き起こす特定の気温や湿度はないようである。

ウエアの重ね着は冬期のトレーニングには必須である。圧着タイプのウエアのほうが、皮膚表面の温度を上げるため、ゆったりとしたウエアよりも好ましい。圧着タイプのウエアは深部体温を上げることはないが（重ね着は深部体温の上昇を促進する）、皮膚の温度は上昇するので、筋肉がより速くより十分に温まり、結果的にケガの予防に役立つ。

地形・路面

スプリンターは、足元を気にする必要はほとんどない。過去40年間に作られたトラックの大多数は、表面が弾性材料で作られている。これによって着地後に弾力のある反発が生まれる。こうしたトラックは、跳ね返りの衝撃と、鍛えられていない筋肉とアキレス腱が受けるドップラー効果により、導入された当初はケガを引き起こした（訳者注：吸収される力と下腿の軟部組織で発生する力の相互関係を、ミルロイ博士は独自に「ドップラー効果」と呼んでいる）。しかしこうしたトラックの数が増えるにつれてトレーニングの機会も多くなり、ケガが発生することは減った。

しかし、長距離ランナーの場合、トラックからひとたび外に出れば、事情が違ってくる。路面自体が、硬いコンクリートから柔らかいアスファルトまでと、さまざまに異なるうえ、雨水が溜まるなどすれば、それだけで着地時に加わる力に変化が生じる。こうしたファクターのすべてが衝撃とそれに対する身体の反応、なかでも下肢の反応を変化させるのである。

ヒルランニングや山岳ランニングをする人たちが直面する問題は、さらに難しい。彼らは真っすぐ上ったり下ったりするだけではなく（**図3-1**）、坂を斜めに走ったりもする。このような走り方をすると、下肢（**図3-2**）に過度の力がかかるが（たとえば足首はたえることのない内返しや外返しに備える必

要がある）、同様のことは、膝・股関節・骨盤にも起きる。このような負担がかかると、腰の彎曲や捻じれを引き起こし、適切な手順でこうしたランニングに備えないと、すぐに痛みを感じるようになる。

　ヒルランニングは直立姿勢を保ちながら走る能力を試す究極のテストである。安定性がないと、すぐにぐらついてしてしまう。もちろん、幸いにして身体の重心が下のほうにある人は、この場合有利である。ただその分脚が短いため、ストライドは大きくならないかもしれない。そのほかに有利に働くのは（自分でコントロールできることだが）、細い胴体だ。これによって重心が下になることが考えられる。ついでに言うと、全体的に体重を減らせば身体は持ち上げやすくなる。それ以外に鍵となるのは、脊椎の柔軟性、なかでも腰椎部の柔軟性である。なぜなら坂を上っているランナーは、路面に向かって傾く必要があり、下っているランナーは、重心が前方に移動しないよう後方に傾く必要があるからである。このように傾いて走る必要性があるため脊椎の動作範囲は狭まる。したがってその分、股関節の柔軟性が必要になるのである。

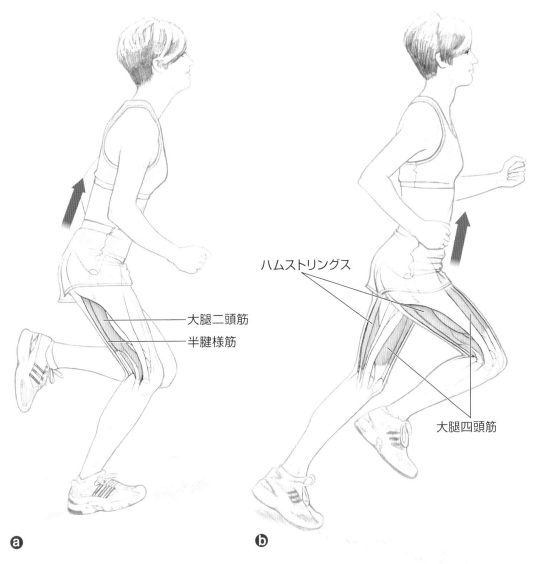

ハムストリングス

大腿二頭筋
半腱様筋

大腿四頭筋

ⓐ　　　　　　　　　　　　ⓑ

図 3-1　坂の上り（a）と下り（b）には身体の適応が求められる

坂を走るときに使われる筋肉は平地を走るときと同じであるが、重視されるところが異なる。具体的に言うと、脊柱起立筋と腸腰筋は上りのときのほうが激しく働かなくてはならない。なぜなら脊柱が傾くと安定性を保つために直立姿勢よりも労力が必要になるからである（直立姿勢では個々の椎骨がそれぞれの真上に積み重なっている）。下るときはその反対で、下腿と大腿の前側の筋肉により大きな負担がかかる。重力を受けるだけでなく着地の衝撃を吸収しなければならないからだ。

平地での練習では、坂を走る準備には不十分なため、上りの練習をなんらかの形で加えなければならない。それが階段を使うだけであっても、である。下りのトレーニングは、平地に住むランナーにとってさらに難しくなる。その最終手段としてステップアップとステップダウンのエクササイズが考えられるが、特にこれを数分間続けられた場合は、坂の代替トレーニングとなり、坂を走るときに起きる問題を経験することができる。ヒルトレーニングは練習の組み立て方によって、ベース期、LT期、$\dot{V}O_2max$ 期（第2章参照）のトレーニングとしても取り入れることができる。上りに関与する筋肉には、ふくらはぎ（第4章）と臀筋と大腿四頭筋（第5章）があるが、各章で紹介するエクササイズを使って強化することができる。高度に変化のない平地に住むランナーは、体幹（第6章）前部のオーバーユースによる慢性的なケガに悩まされるが、逆に後部の筋肉は使われることが少ないため、衰えがちである。

クロスカントリーは、世界選手権大会が開かれるぐらい、グローバルである。ただし、レースのほとんどは草地で行われる。クロカンマニアともなると、深く、接着剤のようにどろどろとしたぬかるみが 10km 以上続くようなコースを好む。このような場所では一歩ずつ脚を持ち上げながらも、不安定な足場では後方に滑らないように気を付ける必要がある。選んだシューズによっては、こうした動

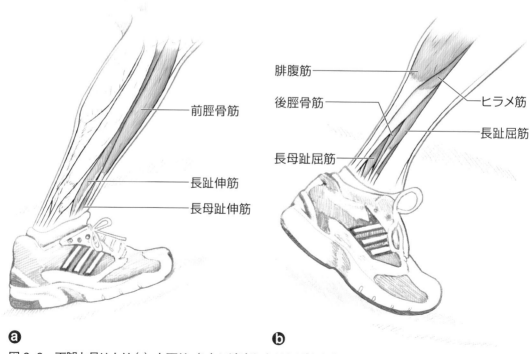

ⓐ　　　　　　　　　　　　　ⓑ

図 3-2　下腿と足は上り（a）と下り（b）に適応しなければならない

作もとりやすくなるが、このような走り方だと、一歩一歩バウンドする道路とは違って疲労は増加する一方であり、増し続ける疲労に対する備えにはほとんどならない。

　傾いた場所やカーブも、やはりそれなりの難しさがある。ランナーはカーブで適正な角度に身体を傾け、横向けに倒れないようにしている。室内トラックは屋外トラックの半分の長さであり、傾斜がきつくなっている。よってランナーはそれほど大げさに身体を傾けなくても済み、180度向きを変えて折り返すときも、自分のレーンに集中できる。傾いた場所を走るときは下肢の外側に負担がかかる。特に大腿筋膜張筋、腓骨筋、両膝・両足首の外側靱帯に余分な力がかかる。また内側になる足の内側も同じように影響を受ける。外側にかかる力は身体だけではなくシューズでも吸収しなければならない。ソールに横方向の波型がついたシューズは、ぬかるみを前に進むときにはグリップ性を発揮するが、鋭いカーブで足が外側に滑るときには役に立たない。自分は何でも知っていると思っていたベテランランナーにとって、室内トラックデビューはショッキングなできごとだったはずだ。

　道路の多くは中央が高くなっているため、常に一方の路肩で走っていると、両脚に長さの違いが生じることもある。この場合、道路の中央に近いほうの脚が短くなる。そうなると必然的に骨盤は、この差を埋め合わせようと傾く。ひいては直立姿勢を保つため腰椎が彎曲する。もしも腰痛になりたい人がいるならば、これがその処方箋だ。もちろん、道路の中央を走ることは勧められないが、反対側の路肩を走ればこうした問題が緩和されることもあるだろう。

　トレーニングは何をやるにしても、利用できる施設次第で変わる。都会に住む山岳ランナーの居住地域にトレーニングに適した坂がない、ということもあるだろう。そうなると、ある程度スピードを出した練習を行い、さらには高層ビルの階段を使ってでも、上りの動作をシミュレーションすることになる。しかしもっと難しいのは、凹凸のある道、滑りやすい道、あるいは石だらけの道に備えた練習だ。その主な目的は、ケガの回避にある。この時点では、トレーニングとその望ましい結果について考えるべきである。もし斜めに下っていく箇所があるならば、回内し内側に捻じれた形で何度も着地する。したがって、そのときにかかる力に耐えられるよう、柔軟性と筋力を向上させておけば、ベストのパフォーマンスを発揮することができる。回内し内側に捻じれた形で着地すると、足首と膝の外側の靱帯が伸ばされるが、身体の外側の筋肉が吸収する衝撃は増える。反対に、坂の上側にある脚は、内側に負担がかかる。こうした走り方が予想される場合は、それに見合った軟部組織を伸ばし、強化するエクササイズをトレーニングに組み込むべきである。

　身体がスピードや地形にいかに適応するかは、採用するトレーニングプログラムによって変わる。昔は、LSD（長時間のスローペースによる距離走）というアプローチを採用したランナーもいた。しかし不幸なことに、彼らはこのトレーニングによって、長距離を遅く走ることだけが得意なランナーになってしまったばかりか、オーバーユースによるケガも経験したのである。人間の身体も機械と変わらない。長時間の使用をうんざりするほど繰り返せば、壊れてしまうのだ。

　ケガ予防としては、トレーニングプログラムにバリエーションをつける、という方法がある。スプリンターがそのいい例である。速いランニングは全身のトレーニングである。もちろん、文字どおり

速く走るという部分もあるが、トレーニングプログラムの大部分では、レースシューズもトラックも必要ない。長距離ランナーも変わらないはずだ。全身のエクササイズのほか、特定部位のエクササイズもすべきである。身体の準備ができていれば、坂でも凹凸の激しい路面でも、もっと自信を持って臨むことができる。弱みがはっきりしていればなおさらだ。たとえばクロスカントリーのランナーである。彼らは、深いぬかるみに足がとられることを知っているからこそ、悪コンディションを切り抜けるのに必要な大腿部の筋肉を、エクササイズやドリルで強化することができるのだ。

　ランニング中に直面するスピードや地形に適応することができなければ、パフォーマンスレベルは落ち、走る楽しさもなくなってしまう。本書ではトレーニングにありがちな、こうした落とし穴を考慮し、起こりうる事態をすべて網羅するガイドラインを提示した。好きな走り方に適応した身体になりたい、ランナーとして向上したい、という読者の力になるためである。

まとめ

　前章ではトレーニングの進行モデルを示して基本理論を述べたが、この基本を大切にするランナーは、毎日の生活に邪魔されないかぎり（実際は、必ずといっていいほど邪魔されるものだが）、望む結果を出すことができるだろう。違う言い方をすれば、ランニングのパフォーマンスは本章で述べたようなことよりも、むしろこうしたトレーニング以外のファクターに左右される、ということである。この影響力はライフ・ファクターとでも表現すればいいだろうか。たとえば、よく練られたトレーニングプランに従っていても、ケガをすることはある。仕事の都合でトレーニング時間が食われることもある。家族からはトレーニングに対する自分の真剣な気持ちを嗤われる。ストレス（生活、トレーニングの両方で生じるストレス）を受けると、身体からはコルチゾールが分泌される。コルチゾールはホルモンの1つで、（少量であれば）ストレスを処理する身体の働きを助ける。しかし、恒常的にストレスを受けていると、このコルチゾールによって身体のさまざまなシステムが制限されたり、あるいは完全に遮断されたりする。ストレスは睡眠障害、消化器系・心血管系のトラブルにもつながりかねない。健全なトレーニングを行えば、ストレスの解消に役立つが、不健全なトレーニングでは、こうした問題を悪化させることもある。

　次章からは、筋力トレーニングのエクササイズを紹介する。ランニングにも、健康維持にも役立つエクササイズである。このエクササイズを、第2章で示したトレーニングモデルに当てはめれば、ランニングを成功に導くきめ細かなトレーニングプランとなる。本章ではトレーニングを左右しかねない外的なファクターについて述べた。これを常に意識することで、自分には目標を達成する力があるという確信を持ちつつ、前に進むことができるだろう。

足と足関節

どんな構造物も耐久試験に合格するには、丈夫で安心できる基礎がなければならない。そして、できればその基礎は広々としていることが望ましい。ピラミッドはそのサンプルとしてパーフェクトだ。いっぽう人間は、比較的大きいが、かなり狭い面積の2つの足で補強しながら、安定した2本の下肢をなんとか使っていかねばならない。

下腿の主たる荷重骨は、脛骨である（図4-1）。脛骨外側に添うようにあるのが、脛骨よりも細い腓骨である。腓骨は足首（足関節）の位置でさらに脛骨に密着する。足関節は蝶番式の彎曲した関節であり、腓骨はその外側を形成する。これらの骨に付着している筋肉は、足関節の動きと、足を形成する中足骨と趾節骨の動きをコントロールしている。足関節自体はほぼ前 - 後の面で動くが、足根を形成する7つの骨は、中足根部と距骨下関節において、足の内返し・外返しもできるよう

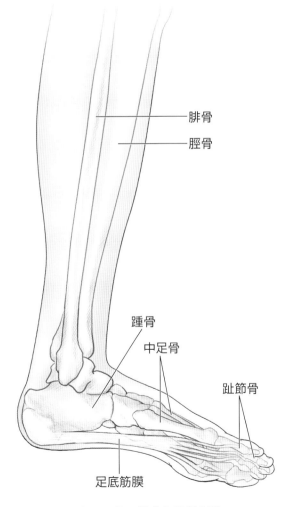

図4-1　下腿と足の骨の構造と軟部組織

41

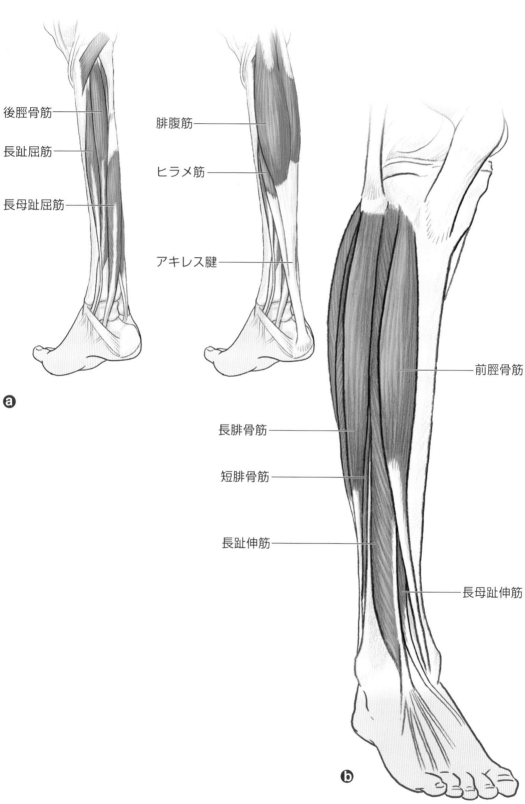

深層　　　　　　　浅層

後脛骨筋

長趾屈筋

長母趾屈筋

腓腹筋

ヒラメ筋

アキレス腱

a

前脛骨筋

長腓骨筋

短腓骨筋

長趾伸筋

長母趾伸筋

b

図 4-2　下腿と足：(a) 後面　(b) 前面

に配列されている。こうした可動域のおかげで、足は内側にも外側にも回転し、凹凸のある路面や滑りやすい路面に対応することができる。

　足の骨のうち、地面に当たる骨は、（踵の下にある）踵骨（しょうこつ）、第1中足骨頭、第5中足骨頭の3つだけである。これらの骨による3点支持の中に、距骨、立方骨（りっぽうこつ）、舟状骨（しゅうじょうこつ）、3つの楔状骨（けつじょうこつ）から成る複合体がある。これらの骨は互いに向かい合っており、5つの中足骨とともに持ち上がって、縦方向のアーチを形成している。これらすべての骨はポジションを変えて路面の変化に対応するだけでなく、足が横方向に動くのを可能にしている。足根骨と総称されるこうした複数の骨は骨性アーチの頂上部を形成し、つま先側から見ると互いの上で回旋し足を内向きにも外向きにも動かせるようにしている。この動きによって、人間は足の内側でも外側でも、歩いたり走ったりすることができる。

　身体が前進するためのパワーはふくらはぎで生まれる。具体的に言うと、後方コンパートメントにある2つの筋である（図 4-2a）。1つはヒラメ筋であり、深いほうの筋で、もう1つの腓腹筋（ひふくきん）と結合しアキレス腱を形成して踵骨に付着する。これらの収縮により踵骨が引っ張られ、その結果、足全体が後方に引かれる。そしてより深層にある筋肉により中足と足趾が屈曲する。これらの筋肉つまり、長趾屈筋（ちょうしくっきん）、長母趾屈筋（ちょうぼしくっきん）、後脛骨筋（こうけいこつきん）によって、足の底屈（そくし）（足先を下方に向けること）が可能になるが、これらの筋肉は複数の関節をまたぐので、足関節も底屈する。

　脚の前方コンパートメントつまり伸筋コンパートメント（図 4-2b）は脛骨と腓骨の間にあり、比較的弾性の少ない線維性の鞘に囲まれている。この前方コンパートメントには、前脛骨筋（ぜんけいこつきん）、長趾伸筋（ちょうししんきん）、長母趾伸筋（ちょうぼししんきん）があり、足関節前方を通って足根骨、中足骨、趾節骨に停止し、これらを持ち上げる。つまり背屈（はいくつ）をさせる。これらの筋肉は動作のほとんどにおいて、後方にあるふくらはぎの筋肉と同等のパワーを生み出す必要がないため、ふくらはぎの筋肉に比べて発達しておらず、弱い。足関節と後足部の外側をさらに安定させるのは腓骨筋（ひこつきん）である。腓骨筋は腓骨から起始し、足関節の外側を通って外側の中足骨に停止する。

　アキレス腱からは、きわめて強い力が生じる。そして神経が多く分布しているため、この部分のケガは非常に強い痛みを伴う傾向にある。しかも、血流量が少ない部位であるため、治癒に時間がかかることも多い。同じことは足底筋膜（そくていきんまく）にも言える。足底筋膜は踵骨前部から広がり、5つの各中足骨底部に停止する。線維組織からなる変形しない膜であり、その最も弱い部分は踵骨に着くところである。足を内側から二次元的に見ると、足底筋膜は足根骨と中足骨で作られる三角形の水平な底辺にあたる。

　このような部位は機能的な面から考察すべきである。そのためには、接地と離地のスロー動画を観察するとよい。そうすれば、1歩ごとの動作が理解しやすくなる。最初に足が地面に着くことは、ヒールストライク（踵接地）として知られるが、そのあと足は、中足骨頭部によって形成される母趾球で着地動作が完了するまで、わずかに内側に向く。それと同時に体重は漸進的に足の外側に伝わっていく。最初の接地をつま先で行うランナーも、少数ながらいるが、その一部は、背屈が十分にできないという理由でつま先接地になっている。踵接地にならない理由には、遺伝的あるいは構造的なことが考えられる。しかし、ほとんどの人は非常に短い時間・短い距離しかつま先接地で走ることができな

い。なぜなら（特に背屈が制限されている場合）つま先接地で走るには、（踵骨を回転軸として働く）力強いふくらはぎの筋肉ではなく、それよりも弱い足趾屈筋に、底屈の働きが引き継がれなければならないからである。

　いったん足裏全体が地面に着くと、動作は今までとは逆向きに続く。離地の動作では、最初に踵が離れたあと中足外側部に沿って内側に回転する。そしてその後中足骨頭部による蹴り出しで離地は終わる。この一連の動きのなかでは、関与する筋肉がすべて同時ではないものの、一定のリズムで収縮あるいは伸展する。

　ところで、足の回内、回外については、今まで混同されて定義されたきらいがある。この機会にこれをぜひ整理しておきたい。まず、足で起きる動きには３つの要素がある。それらは互いに関連はしているが、個別のものである。足は(1)距骨下関節で内返しか外返しする、つまり内側か外側に倒れる。(2)中足部では外転か内転かする。その動きは水平面だけに起きる。(3)前足部では主に上方と下方に動く。つまり底屈か背屈である（若干紛らわしいのだが、この動きには足の伸展がある）。回内とは、これらの関節の複合的な動きである。つまり、距骨下関節における外返し、中足部における外転（つまり水平面における外側への動き）、そして前足部における背屈が組み合わさったものである。これとは反対に回外とは、距骨下関節における内返し、中足部における内転、そして前足部における底屈が組み合わさったものである。このうちのいくつかの動きは、一歩一歩に見てとれる。しかしその動きが行き過ぎると、骨を連結する靭帯を過度に伸ばすことにつながり、痛みやケガを引き起こすこともある。

　たとえば足裏が地面に着いたときに過回内が起きると、比較的弱い縦アーチが過度に内側に傾きつま先は外側を向く。そうすると脛骨の内旋と、中足部の各骨をつなぐ靭帯の内旋（および伸展）が起き、その両方が脛骨に負担をかける。その負担により、内返しする筋肉の、効率的に働く能力が弱まる。回外はその逆の作用だ。つまり、ランナーは着地の際、足の外側にその力を受ける。この場合、脛骨はその筋力に対し不釣り合いなほどに外旋する。その結果、腓骨筋が過度に引っ張られる可能性があり、それが腸脛靭帯へ広がることもあり得る（第11章では、過回内・回外の負担を、フットウエアを選ぶことでいかに最小限にするか、説明する）。著しく回外すると、足はその過剰な可動性により内側へ引っ張られてしまう。世界屈指の選手の多くが、この潜在的な障害に打ち勝ってきたとは言え、過度な回外が長距離ランナーにとって大きなハンディキャップとなっているのは、事実である。

　解剖学上、正常とは異なるタイプは、これ以外に２つある。１つは、縦アーチが高くて硬く、おそらく回外すると思われるランナー（必ずというわけではない）、もう１つは、アーチが扁平であるランナーである（過回内を伴う場合と伴わない場合とがある）。この２つのタイプは、どちらとも柔軟性の欠如が機械的なデメリットにつながっている可能性がある。したがって、そうした弱点を持つランナーは、本来の力の片鱗は見せるものの、それよりもスピードが落ちてしまうことがある。

部位別トレーニング・ガイドライン

　本章に紹介する立位で行うエクササイズは、片方ずつ行うことが必要であり、可能であるエクササイズである。このタイプの動作は、主要な脚筋のすべて（弱い筋肉も含まれる）を動員することで、ターゲットとする筋肉を強化することができる。その目的は正しくエクササイズを行いながらバランスを築くことにある。安定性が求められるエクササイズでは、腹部・腰部・股関節の体幹筋力も動員する。これは正しいフォームを維持するためである。ほとんど何も持たないエクササイズを片方ずつ行うことで、ターゲットとする特定の筋肉と動員された体幹の筋肉の発達が促される。また、回数を十分にこなすことで、筋持久力を増強することができる。

ダンベルを使ったシングルレッグ・ヒールレイズ
SINGLE-LEG HEEL RAISE WITH DUMBBELLS

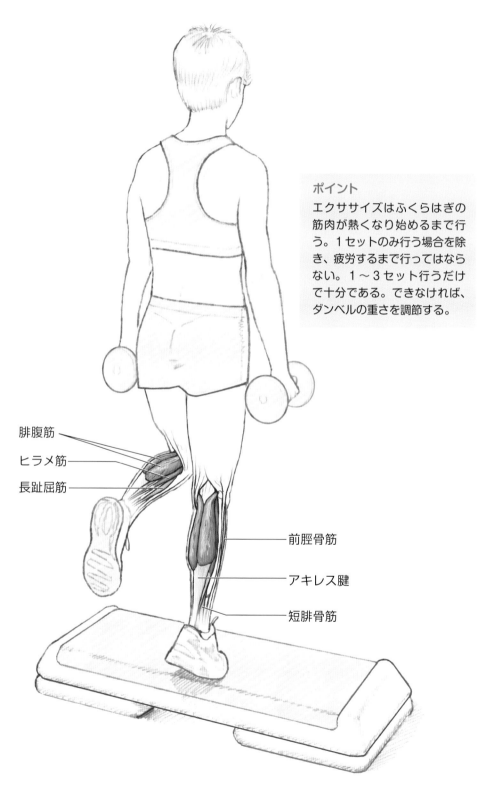

ポイント
エクササイズはふくらはぎの筋肉が熱くなり始めるまで行う。1セットのみ行う場合を除き、疲労するまで行ってはならない。1～3セット行うだけで十分である。できなければ、ダンベルの重さを調節する。

腓腹筋

ヒラメ筋

長趾屈筋

前脛骨筋

アキレス腱

短腓骨筋

エクササイズ

1. 片足の母趾球とつま先でステップ台に立つ。中足部と踵は台から離す。もう一方の脚は膝を 90°に曲げ、足は台につけない。両手にダンベルを持ち腕は股関節の横、大腿四頭筋の脇に真っすぐ下ろす。
2. 直立し、上半身は腹筋を使って安定させる。この正しい姿勢を維持する。台に乗っているほうの足で身体を持ち上げる。これは足を底屈させて行う。膝は過伸展させない。支持脚は真っすぐに伸ばすか、わずかに曲げた状態（5°程度）の姿勢を維持すべきである。
3. 台に乗っている足を（背屈により）下ろして初めの姿勢に戻る。各セットは持ちこたえられるまで続け、次に脚を替えて行う。

動員される筋肉

主動筋：腓腹筋、ヒラメ筋
補助筋：前脛骨筋、短腓骨筋、長趾屈筋

動員される軟部組織

主な軟部組織：アキレス腱

ランニング・フォーカス

　このシングルレッグ・ヒールレイズはランナーの筋力トレーニングの定番にすべきである。なぜなら、簡単に実施でき、道具もほとんど要らず、さまざまな目的に使えるからである。特に、ケガ予防のための筋力アップ、あるいはアキレス腱やふくらはぎの筋肉のケガのリハビリになる。しかしケガの初期の影響が残っている場合はこのエクササイズは行ってはいけない。ただ、ケガが発生したあとでもいくらか治癒のきざしがあれば、安全に行うことができる。その際、主観的な痛みのレベルあるいは客観的な画像（MRI）の評価を基準に判断する。

　第 9 章に示すが、このエクササイズに伸張性の要素、つまり、いわゆる遠心性の筋活動（要するに筋肉を伸ばすこと）を取り入れると、ふくらはぎとアキレス腱のトレーニングとしての価値が高まる。筋肉は伸張性収縮をするときのほうがはるかに大きな重量を扱うことができるためだ。一説によると、筋肉は伸張性収縮をするときに最も強化され、速筋線維を発達させるのに、より適していると考えられている。

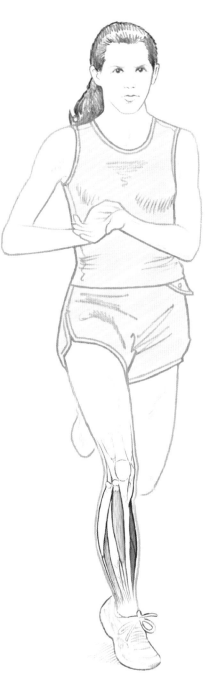

マシンを使ったスタンディング・ヒールレイズ
MACHINE STANDING HEEL RAISE

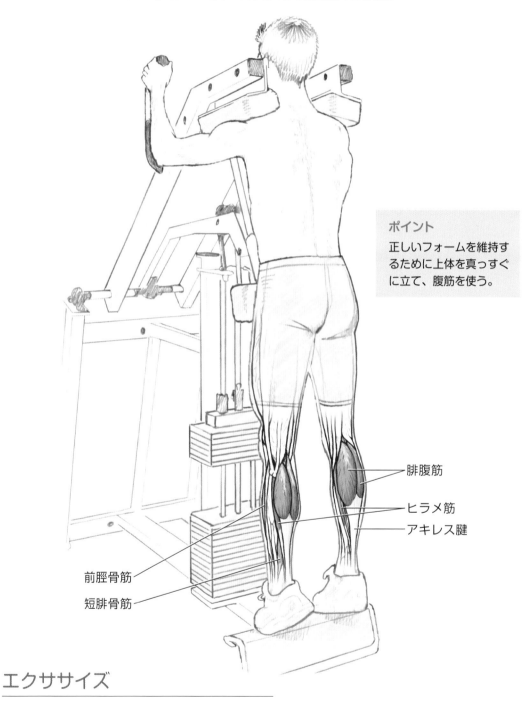

ポイント
正しいフォームを維持するために上体を真っすぐに立て、腹筋を使う。

腓腹筋

ヒラメ筋

アキレス腱

前脛骨筋

短腓骨筋

エクササイズ

1. マシンのショルダーパットの下に立つ。膝はわずかに曲げる。上体を真っすぐに立てて腹筋を使い、正しいフォームを維持する。両腕はショルダーパット横のハンドルの上に置き、グリップは軽く握る。

2. 踵を、中足部とつま先だけが台についている状態になるまで上げる（底屈）。つま先はリラックスさせ、ふくらはぎの伸展を意識する。

3. 踵を、ふくらはぎが十分に伸びていると感じるまで下げる。これを繰り返す。

動員される筋肉

主動筋：腓腹筋、ヒラメ筋
補助筋：前脛骨筋、短腓骨筋

動員される軟部組織

主な軟部組織：アキレス腱

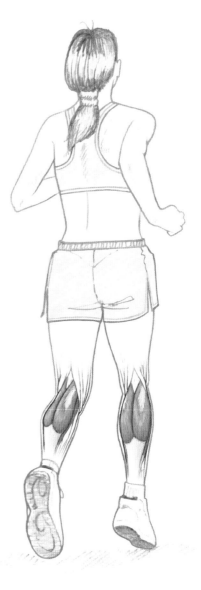

ランニング・フォーカス

　スタンディング・ヒールレイズも、ふくらはぎの筋群（腓腹筋、ヒラメ筋）とアキレス腱の強化のためのエクササイズである。ヒラメ筋よりも大きな割合を占める腓腹筋のほうに重点がおかれるが、それより小さな筋肉にも働きかける。このエクササイズは、シングルレッグ・ヒールレイズのような、同様の運動と並行して行うことができる。その目的は、ふくらはぎの筋肉を目いっぱい疲労させることにある。ただし、部位ごとに1つのエクササイズを行うのが目的の場合、このエクササイズを単独で行うとよい。

　ふくらはぎの筋肉とアキレス腱は、踵接地後の衝撃吸収とぶれの負担を担っている。レースを走るときに、普通のトレーニング用シューズよりも軽く踵の低いシューズを履くと、この接地の衝撃はさらに顕著になる。これを最小限に抑え、足の動作を推進力にするためには、いかなるランナーもトレーニングにエクササイズを取り入れ、ふくらはぎの筋力を高めるべきである。このエクササイズは、トレーニング進行のどの期に行ってもよい。なかでもレース期には特に重視すべきである。ただしケガがなにも生じていないのが条件である。

バリエーション

マシンを使ったシーテッド・ヒールレイズ
Machine Seated Heel Raise

　スタンディング・ヒールレイズによって影響を受ける部位とシーテッド・ヒールレイズによって影響を受ける部位との間には類似点が多い。2つのエクササイズの違いはヒラメ筋の重要度である。つまり、座位でのヒールレイズは、立位よりも腓腹筋が関与しなくなり、その分、ヒラメ筋が（腓腹筋よりも小さいにもかかわらず）優位になる、ということである。

　ヒラメ筋を強化すると、離地時に必要な推進力を生む助けになる。また、レースで（または練習で）レーシングシューズを履くと、運動中・運動後にふくらはぎの痛みやアキレス腱の張りが起きるが、ヒラメ筋を強化すれば、レーシングシューズを使用するランナーの問題解決にも役立つ。レーシングシューズやスパイクはヒールが低めにできているため、ランニングシューズを履いているときよりも、アキレス腱が無理やり伸ばされる。しかし、こうした過度な伸展も、ヒラメ筋を強化しストレッチすることで緩和することができる。そしてその結果、アキレス腱のケガ予防にもなる。

チューブを使ったプランターフレクション（底屈）
PLANTAR FLEXION WITH BAND

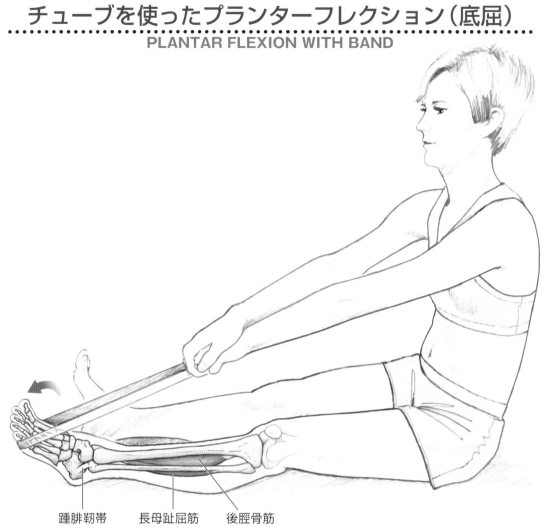

踵腓靭帯　　　長母趾屈筋　　後脛骨筋

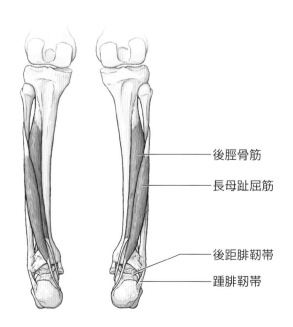

後脛骨筋

長母趾屈筋

後距腓靭帯

踵腓靭帯

エクササイズ

1. 床に座り脚を完全に伸ばす。トレーニングチューブを、中足骨頭部の周りを包むように足にかける。チューブを両手で持つ。チューブはエクササイズを始める前からピンと張り、たるませないこと。
2. 足を完全に伸ばし切る（底屈させる）。
3. 足が完全に伸び切ったところで、そのポジションを1秒維持したのち、動きを止めずにスムーズにチューブを手で引く。これにより足は背屈させられ、最初の姿勢に戻る。
4. この押す・引く、の動作を、チューブの張りを調整しながら、疲労するまで繰り返す。

動員される筋肉

主動筋：後脛骨筋、長母趾屈筋

動員される軟部組織

主な軟部組織：後距腓靱帯、踵腓靱帯

ランニング・フォーカス

　第3章では、さまざまな地形を走るときに求められる適応について論じ、足や足関節がランニング・パフォーマンスに果たす役割について考察したが、このエクササイズは足と足関節の、筋力および柔軟性を促進するものである。その目的は、不整地を走るときのケガ予防、そして立脚期の支えとなることにある。

　このエクササイズでは荷重しないため、毎日行うことができる。足関節の捻挫から回復するためのリハビリテーションになるほか、筋力と柔軟性を促進するエクササイズとしてもきわめて有効である。自分でチューブの張力を調整できるので、繰り返すごとに、難易度を好きなように変えられる。スムーズな動作にすると同時に、チューブの張力がもたらす適度な抵抗力を用いて爆発的動作になるよう意識することが必要である。張力の調整は簡単である。両手に持っていたチューブの端を少しずつ引き寄せて持つか、緩ませる。

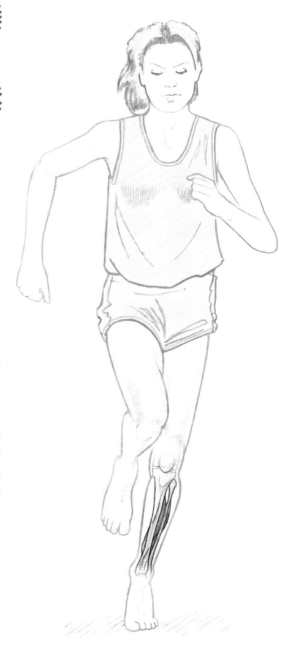

アンクルウエイトを使ったドルシフレクション(背屈)
DORSIFLEXION WITH ANKLE WEIGHTS

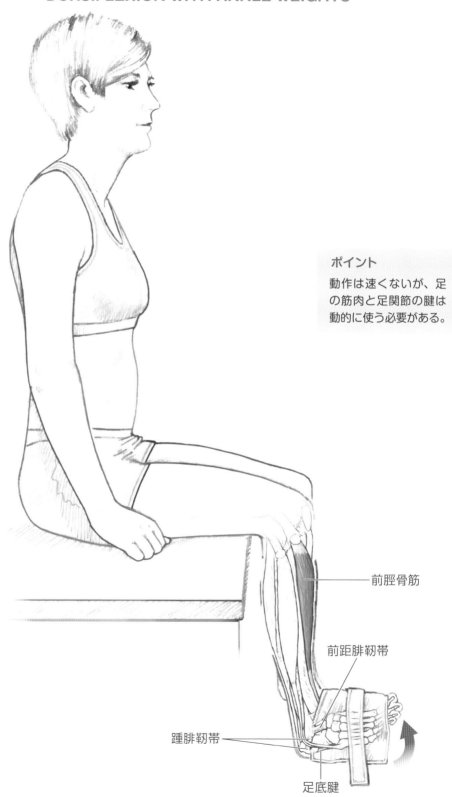

ポイント
動作は速くないが、足
の筋肉と足関節の腱は
動的に使う必要がある。

前脛骨筋

前距腓靭帯

踵腓靭帯

足底腱

エクササイズ

1. テーブルに腰を掛けて膝から下は垂らす。中足部にアンクルウエイトを固定し、適度な抵抗にする。状態は真っすぐ立てて両手は身体の脇に置くが、バランスをとるだけである。

2. スムーズだが、力強い動きで足を脛骨に向けて完全に背屈させる（足先を上後方に持ち上げる）。下腿は 90°に曲げたままで、振ってはならない。足と足関節がウエイトを動かすときに勢いをつけないようにする。

3. 静かに（完全に伸ばす必要はない）足を下ろす（底屈）。疲労するまで繰り返す。ウエイトをもう一方の足に付け替えてエクササイズを繰り返す。

動員される筋肉

主動筋：前脛骨筋（ぜんけいこつきん）

動員される軟部組織

主な軟部組織：前距腓靭帯（ぜんきょひじんたい）、踵腓靭帯（しょうひじんたい）、足底腱（そくていけん）

ランニング・フォーカス

このエクササイズもまた、非荷重による足と足関節のためのエクササイズであり、毎日行うことができる。そして、ケガのリハビリのため、あるいは筋力と柔軟性の向上のために行う。アンクルウエイトの重さを変えれば、エクササイズの作用を細かく調整することができる。たとえば、回数とセット数を少なくしてウエイトを重くすれば、筋力強化に重点を置くことになるし、回数とセット数を多くしてウエイトを軽くすれば、柔軟性と持久性向上が促進される。

バリエーション

チューブを使ったドルシフレクション（背屈）
Dorsiflexion With Band

このエクササイズもプランターフレクション（底屈）と同じくチューブを使う。さらに、底屈と背屈を交互に行うエクササイズにすることもできる。まずチューブの抵抗に反して足を底屈させ、その後直ちに背屈させる。背屈と同時にチューブを身体に向けて引く。足が完全に背屈し再び底屈する用意ができるまでチューブを引き続ける。

チューブを使ったフットエバージョン（外返し）
FOOT EVERSION WITH BAND

長腓骨筋　　　長趾伸筋　　　短腓骨筋

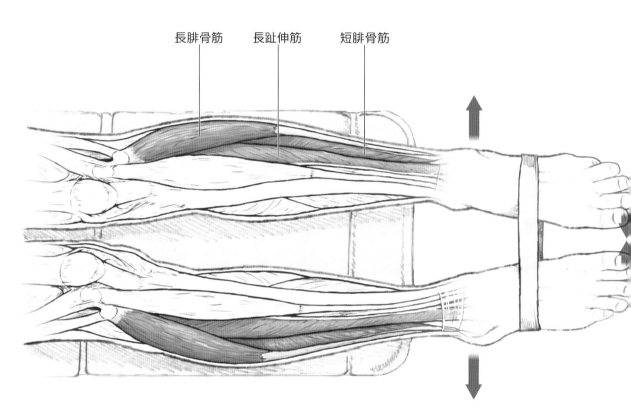

エクササイズ

1. トレーニングベンチに腰掛け、両脚を伸ばし切り、アキレス腱、足関節、足だけをベンチから出す。両手は身体の後方でベンチにつき、身体を支える。チューブを両足にかけ張った状態にする。このとき両足は足裏を下に向けた底屈した状態で 15 ㎝程度離す。

2. 両足を、両親指を下げながら内側に向ける。そしてチューブの抵抗に反して外側に足を押し広げる。開いた状態を３〜５秒維持する。

3. 足をリラックスさせ、３〜５秒間休んだら、エクササイズを繰り返す。

動員される筋肉

主動筋：長腓骨筋（ちょうひこつきん）、短腓骨筋（たんひこつきん）、長趾伸筋（ちょうししんきん）

ランニング・フォーカス

　本章のイントロダクションでも述べたように、回内が起きるのは１つの面だけではなく、３つの面での動きの結果である。そのうちの１つに、足の外返しがある。外返しは、底屈中は長腓骨筋、背屈中は短腓骨筋によって主にコントロールされる。このエクササイズは底屈のポジションで行う。なぜなら、そのほうが特に過回内のランナーにとっては動きやすいからである。回内しないランナーあるいは回外足のランナーにとっては、自分の足本来の動きではないが、それゆえに効果がある。

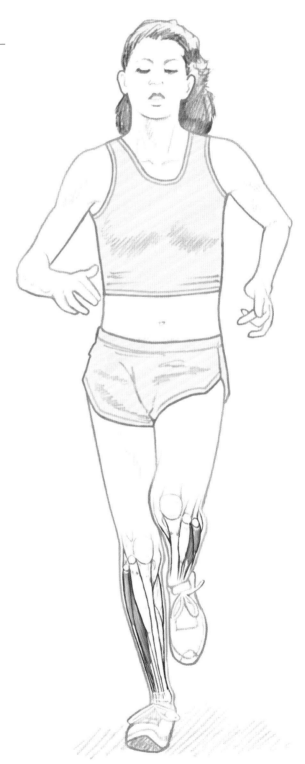

55

ボスボール上でのフットインバージョン（内返し）
FOOT INVERSION ON BOSU

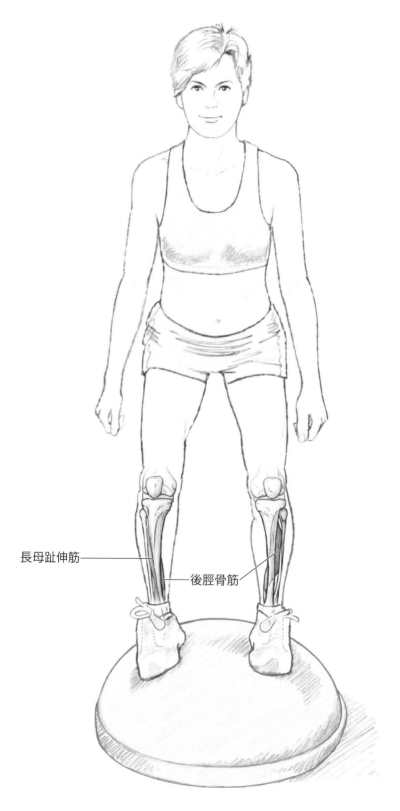

長母趾伸筋

後脛骨筋

エクササイズ

1. ボスボールをきちんと膨らませドーム側を上に向けて置き、その上に立つ。身体がしっかりとバランスをとれるように足の位置を決める。
2. 足を内返しにした状態でボスボールの上に立ちながら、本書で紹介している立位のエクササイズを行う（詳細はランニング・フォーカスを参照）。
3. すぐに疲労するので、エクササイズを繰り返す合間に必要に応じて平らな場所に下り、休みを入れる。

動員される筋肉

主動筋：後脛骨筋
　　　　（こうけいこつきん）

補助筋：長母趾伸筋
　　　　（ちょうぼししんきん）

ランニング・フォーカス

　ボスボールはフィットネストレーナーがバランスと固有感覚（訳者注：関節・筋・腱の動きを検出する、位置や動きや力に関する感覚）を発達させるために推奨している運動器具である。固有感覚は、オフロードでレースやトレーニングを行うランナーにはためになる感覚である。さらに、ボール上で足のポジションが内返しになっていると、足関節の筋力や柔軟性が向上し、一歩一歩走るたびに足を支えてくれる。

　ボスボールの上でどういったエクササイズをするか、ということはさほど重要でない。バランスを維持することに気を付けることのほうが大切である。ドームは彎曲しているため、エクササイズをしているあいだは両足を内返しのポジションにして立つ。エクササイズの例としては、ダンベルを持ちながら行うスクワットがある。これを行えば、内返しのポジションでの足と足関節の筋力強化が促進される。動的要素の少ないエクササイズとしては、ダンベルカールも選択肢の1つだ。しかしこの両方を行ってもいいだろう。それぞれ1セット、あるいは複数セットずつ行う。重視するのはあくまでも内返しのポジションだが、このトレーニングをほかのエクササイズと組み合わせれば、複合的なエクササイズになり時間が節約できる。

　ボスボールを使えば、ありきたりの筋力トレーニングに一工夫加えて、バリエーションに富んだ楽しい筋力トレーニングにすることができる。しかし、ボスボールの上でしてはならないエクササイズもある。たとえば膝関節に過大な重量またはトルクがかかるエクササイズ（例：重いウエイトを持ったフルスクワット）はするべきではない。

第 5 章

LEGS

脚

　ランニングに関わる部位について学ぶときに、必ず考えなければならないのは、軟部組織と骨の連結構造である。ある1つの身体構成要素の動作は、もう1つの構成要素の反動動作を生む。さらに言えば、2つの構成要素の位置が近いほど、互いに及ぼし合う影響は大きい。

　1つ簡単な例を挙げる。膝を考えてほしい。膝を曲げるためには、ハムストリングスが能動的に収縮し、大腿四頭筋が受動的に伸張しなければならない。

　このつながりは、身体のあらゆる動作において展開する。呼吸、こむら返りのときのけいれんなど、その動きがいかに小さくても同じだ。体幹と大腿の周辺はその最たる例で、下肢の動きは切れ目なく骨盤につながっていく。骨盤の筋肉の一部は両脚の動作と安定性に寄与するが、その逆もまた同じなのである。もう1つ例を挙げる。膝において筋肉は2つの関節をまたぐ。そうしてこの2つの関節の作用と強さに影響を及ぼす。脚は上体（腰よりも上）の重さに耐え、上体を運ぶ。それがあるときは長い距離に及ぶため、下肢は強さと可動性とを組み合わせることで効率を最大化するように進化したのである。

　大腿にある骨（**図5-1**）つまり大腿骨は、股関節を介して恥骨と坐骨と連結する。大腿骨以外で唯一大腿部にあるのは膝蓋骨であり、膝関節の上部にあって滑車の役割を果たしている。細かく言うと、膝蓋骨は大腿骨下端の溝の中を通り、膝を伸展させる大腿四頭筋群のパワーを伝える。

　実際、膝を伸展させるのは、大腿四頭筋群（**図5-2a**）の主な機能である。大腿四頭筋群には、身体の外側から中央に向かって、外側広筋、大腿直筋、中間広筋、内側広筋があり、これらが膝蓋骨の上端で連結し、膝蓋腱を介して脛骨上部を引くことにより膝関節が真っすぐになる。大腿四頭筋の収縮は、体内最大であり、膝を胸に引き寄せることもできる。これが可能なのは、大腿四頭筋の一部が股関節の外側または上方に起始しているためである。つまり、大腿四頭筋の収縮によってこれらが股

59

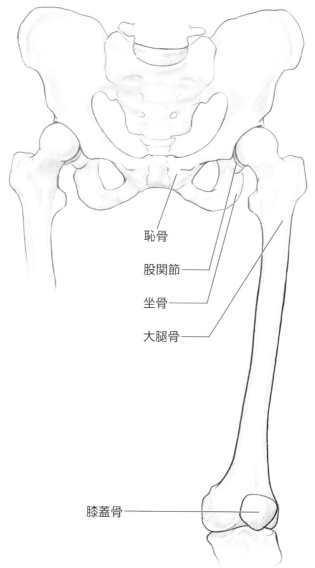

恥骨

股関節

坐骨

大腿骨

膝蓋骨

図 5-1　大腿の骨構造

関節屈筋としての役割を果たすということだ。この動作は特にスプリンターに関係する。スプリンターは大腿四頭筋の大きな収縮力のおかげで、ストライド長をさらに伸ばすことができる。しかし長距離走では、このように高く膝を持ち上げるとエネルギーの無駄になる。したがって長い距離を走るとき、ランナーの股関節と膝はスプリンターよりもはるかに狭い範囲で動くことが多い。

　したがって、走動作における大腿四頭筋の役割は2通りあるということだが、どちらの動作の場合も、その目的はストライド長を伸ばすことにある（**図 1-2** 参照）。もし膝を完全に伸ばし切り、同時に大腿四頭筋が股関節に向かって屈曲すれば、ストライド長は最大限になるが、同時に滞空時間も延びるので、発生したモーメントを使い身体をさらに前方に推進させることができる。

　ハムストリングスでも同じことが言える（**図 5-2b**）。ハムストリングスは大腿四頭筋群と同じ2つ

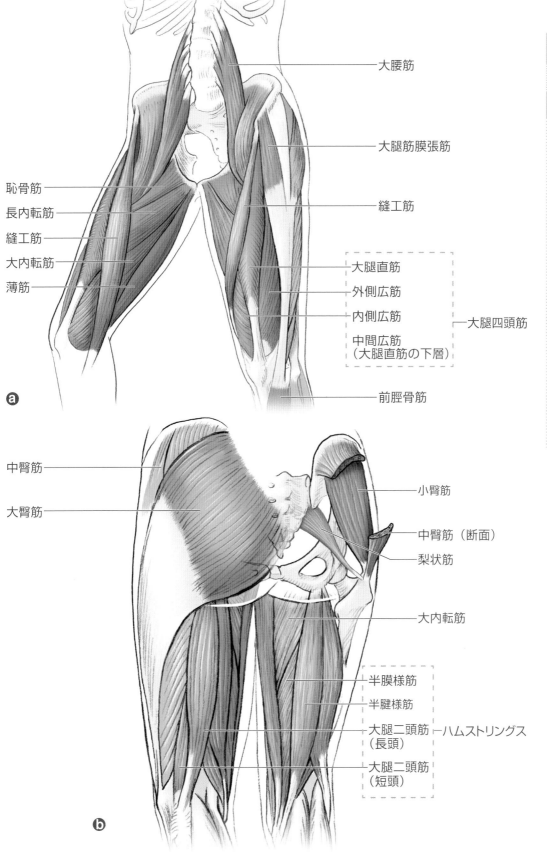

図 5-2　大腿部：（a）前面　（b）後面

の関節にまたがっているものの、その働きは大腿四頭筋と逆である。つまり、ハムストリングスは股関節を伸展させ、膝を屈曲させる。ハムストリングスには半膜様筋、半腱様筋、大腿二頭筋があるが、それぞれ中央の位置で接している部分がある。この3つは骨盤の異なる場所に起始し、膝後面で分かれ、脛骨と腓骨の後面に停止する。ハムストリングスが収縮すると大腿と下腿の両方が後方に動く。この動きはスプリンターでは大きい傾向にある（図1-3、図1-4参照）。しかし、長距離ランナーにとっては膝の屈曲が大きくなっても非効率的である。長距離ランナーのハムストリングスの動きの大部分は股関節で起きる。

　ハムストリングス群は、半分ずつ2つに分かれた別々の筋肉ととらえると、わかりやすいかもしれない。このとらえ方は一見奇異に思えるかもしれないが、上部は伸展する筋肉として股関節に連結し、下部は膝を屈曲して伸展を制限すると考えてみる。もちろん、顕微鏡的観察では、筋群のなかが実際に区別されているわけではない。ただその機能が異なるだけである。長距離ランナーのハムストリングスは股関節と膝関節における可動域が狭いものの、その小さな角度のなかでの収縮は、きわめて力強い。

膝屈曲位

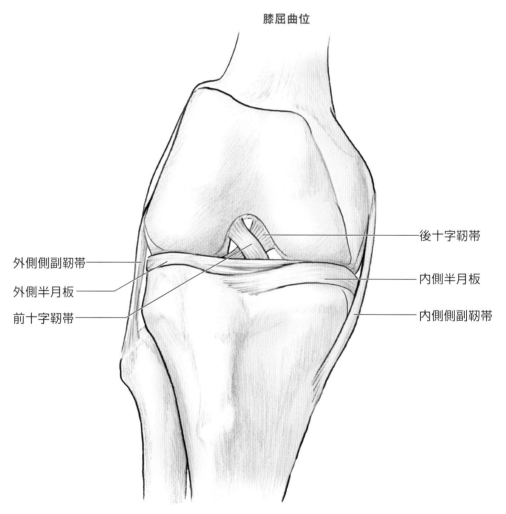

後十字靭帯

外側側副靭帯

外側半月板

内側半月板

前十字靭帯

内側側副靭帯

図5-3　膝の靭帯と軟部組織

　忘れられがちなことだが、膝はひねることができなければならない。膝をひねらないとしたら、どうやってコーナーを回ったり、凹凸のある道に対応したりするのか。膝（**図 5-3**）には２つの側副靭帯がある。１つは、内側側副靭帯であり、大腿骨と脛骨とを連結している。もう１つは外側側副靭帯で大腿骨と腓骨を連結している。この２つの靭帯は協働して蝶番の役目を果たしているため、前方・後方の動きが可能になる。しかし、回旋はわずかに弾性のある半月板に依存している。半月板は線維軟骨でできており、大腿骨と脛骨の間に位置し、膝にかかる荷重を分散している。また骨と骨が捻じれ合うことができるのも、半月板があるおかげである。両膝にはそれぞれ、前十字靭帯、後十字靭帯がある。これらは十字型に交差しており、大腿骨と脛骨が互いに前後して極度に動くのを防いでいる。しかしその主な機能は膝の動きを誘導することにあり、膝の安定性に関しては小さな役割しか果たしていない。膝の安定のほとんどは大腿の筋群に依存している。

　したがって、大腿の筋肉は筋力と柔軟性の両方を兼ね備えている必要がある。そしてどちらもエクササイズにより向上する。さらに言えば、そのバランス維持はきわめて重要である。筋肉隆々でも柔らかさにはほとんど意味がない。かといって、筋肉量が少なければ、弱くなるからである。

部位別トレーニング・ガイドライン

　これから紹介する大腿部のエクササイズを実施するには、膝を保護するよう心掛ける必要がある。大腿四頭筋もハムストリングスも膝に付着しているため（そして膝関節は方向転換、上り、下り、さまざまな地形に対応すべく捻じれるため）、膝関節では安定化と弛緩が常になされている。最初はランジを行うのは難しい。よって、負荷を増やす前に、まず軽いウエイトを持ち、正しい動きになっているか、気を付ける。膝関節の保護はマシンを使ったエクササイズならばやりやすいが、可動域が一定に制限されるため機能的なエクササイズとしての効果は減る。

　本章で紹介する大腿部のためのエクササイズは導入期（ベーストレーニング期）や養成期（LTトレーニング期）のトレーニングとしてはよいが、最終のレース期では$\dot{V}O_2max$を重視するため、前の筋力トレーニングで過度に疲労することがなかったエクササイズを選んで行うべきである。回避すべきエクササイズ・負荷・回数を特定するには、トレーニング日誌をつけておくとよい。

マシンを使ったヒップアダクター
MACHINE HIP ADDUCTOR

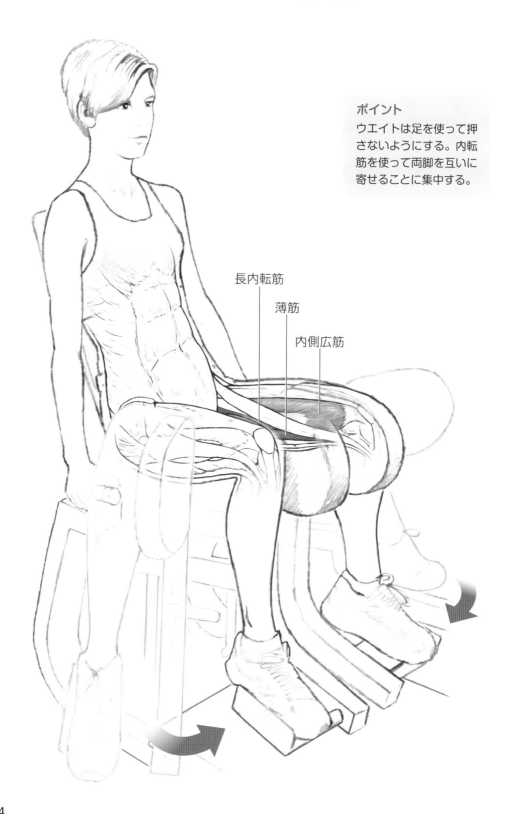

ポイント
ウエイトは足を使って押さないようにする。内転筋を使って両脚を互いに寄せることに集中する。

長内転筋

薄筋

内側広筋

エクササイズ

1. 適正なポジションを決める。マシンのパッドが膝内側に当たるような位置で座る。
2. パッドを内側に押す。常に一定の力でスムーズな動きにする。
3. 少しずつ負荷に抵抗しながら最初のポジションに戻る。

動員される筋肉

主動筋：長内転筋（ちょうないてんきん）、短内転筋（たんないてんきん）、大内転筋（だいないてんきん）、薄筋（はっきん）

補助筋：内側広筋（ないそくこうきん）

ランニング・フォーカス

　アダクターは筋力強化として使えるほか、リハビリテーションとしても使える。リハビリでは膝に無理な負担をかけずに補助的な筋肉を鍛えることが必要なのである。膝の問題の中には、4つの大腿四頭筋がアンバランスなために引き起こされるものもあり、それが膝蓋骨の軌道異常の原因になる。膝蓋骨の軌道が外側方向に偏らないようにするには、このアダクターのエクササイズでまず内転筋群を、次に内側広筋を強化する。内転筋群と大腿四頭筋の筋力が発達すると、ランニングの動作周期における推進局面において、力強く膝を伸展できるようになる。大腿四頭筋の不均衡を防ぐには、同じマシンを使い、第6章で紹介するアブダクダーを行う。

マシンを使ったレッグエクステンション
MACHINE LEG EXTENSION

ポイント
膝を過伸展させない。また、身体を揺らした反動でウエイトを上げようとしないこと。

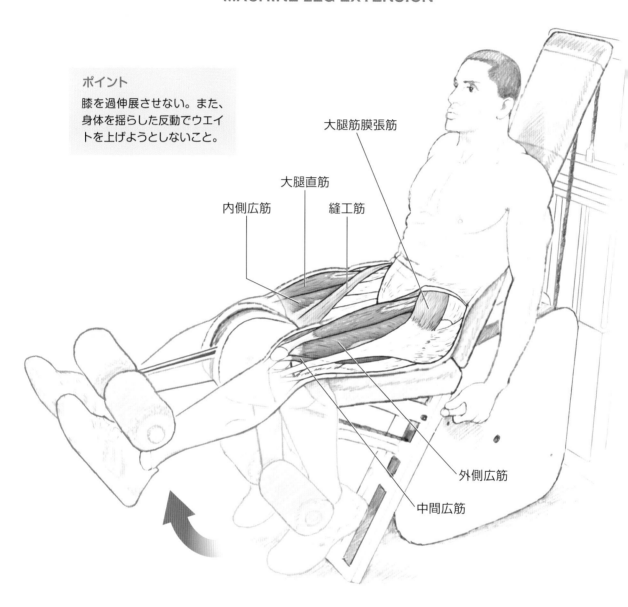

大腿筋膜張筋

大腿直筋

内側広筋

縫工筋

外側広筋

中間広筋

エクササイズ

1. レッグエクステンションのマシンの適正な位置に座る。背中は真っすぐに保つ。膝はマシンの回転軸と位置を合わせる。シートの両側にあるハンドルをつかむが、握りしめないようにする。
2. 自分に適したウエイトを選んだら、全可動域を使いスムーズに両脚を伸ばす（しかし伸ばし過ぎない）。
3. 脚を伸ばし切ったら、深く息を吸いながらウエイトに抵抗しつつ、両脚を徐々に下げる。

動員される筋肉

主動筋：大腿四頭筋（大腿直筋、外側広筋、内側広筋、中間広筋）

補助筋：大腿筋膜張筋、縫工筋

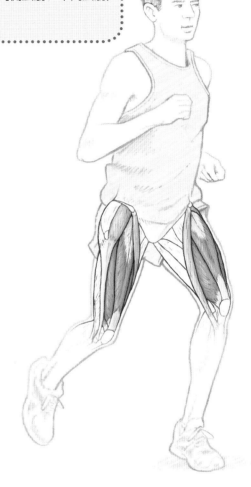

ランニング・フォーカス

　マシンを使ったレッグエクステンションは簡単で大腿四頭筋の筋力を著しく向上させ、大腿四頭筋群の４つの筋肉を均等に発達させるため、膝蓋骨の軌道を正しく保つことができる。このエクササイズでは脚を完全伸展させるが、膝蓋大腿障害に悩まされるランナーがこれをすると、膝蓋骨に過度な負担がかかる。このようなランナーが大腿四頭筋を鍛えるには、角度を小さくした（完全伸展の最後の15〜20°だけで行う）エクササイズにする。これにより、膝蓋骨にかかる負荷を減らすことができる。このバリエーションはランニングにおいては実戦的ではない。期待できるのは全般的な筋力の向上であるため、ベーストレーニング期に限って行うべきである。

バリエーション

マシンを使ったショートアーク・レッグエクステンション
Machine Leg Extension With Short Arc

　脚が動く角度を制限したショートアーク・レッグエクステンションは、膝蓋大腿部痛症候群による膝の痛みがあるときに行う大腿四頭筋の筋力向上エクササイズとしては、非常に優れている。唯一の難点は、可動域をフルに使わないことである。しかし、膝の痛みが消えたら、完全に脚を伸展させるタイプのエクササイズを行ってもよい。

グルートハムレイズ
GLUTE-HAM RAISE

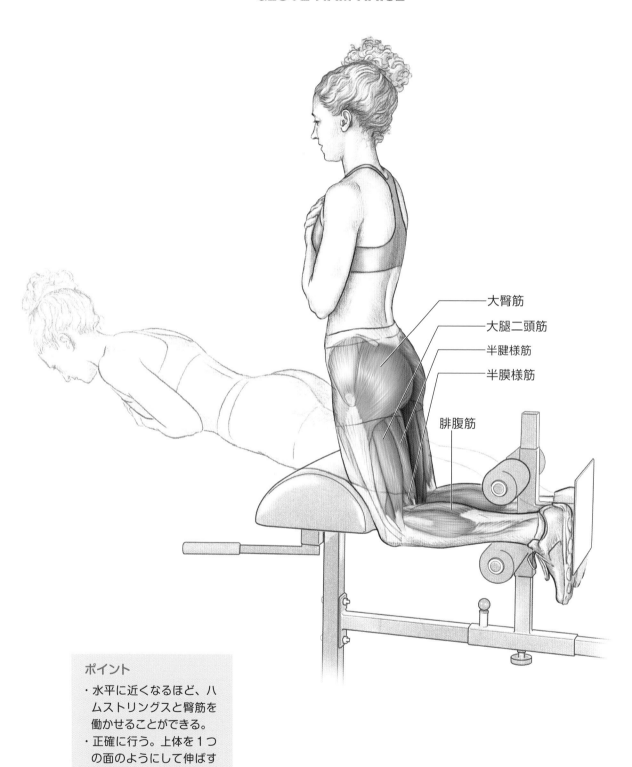

大臀筋

大腿二頭筋

半腱様筋

半膜様筋

腓腹筋

ポイント
・水平に近くなるほど、ハ
　ムストリングスと臀筋を
　働かせることができる。
・正確に行う。上体を1つ
　の面のようにして伸ばす
　と同時に、両膝を伸ばす。

エクササイズ

1. 最初はコーチに手を貸してもらい、マシンのパッドを身体に合うように調整する。
2. マシンの上にひざまずき、身体の位置を決める。脛が後方の下のパッドに当たり、大腿四頭筋（大腿）は脛と直角で、前方のパッドを押している姿勢である。両足は後方の2つのパッドに挟んで後ろに伸ばす。
3. 両手は胸の前で交差させる。上体は伸ばして1つの面にし、下ろしていく（脚の付け根部はパッドよりも若干前）と同時に、後方のパッドを使って膝を伸ばす。上体は地面に対して水平になるように伸ばす。
4. 完全に身体を伸ばしたら、上体を起こし、膝を下ろして最初のポジションに戻る。

動員される筋肉

主動筋：大臀筋、中臀筋、小臀筋、ハムストリングス（半腱様筋、半膜様筋、大腿二頭筋）
補助筋：大内転筋、腓腹筋

ランニング・フォーカス

　その名が示すとおり、グルートハムレイズはハムストリングスと臀部（グルート）に働きかけるため、ランナーにとっては機能的なエクササイズである。ハムストリングスの筋肉は速く走る手助けにはなるが、楽しく走るのを主な目的としている人ならば、さほど速いペースでは走らない。ハムストリングスも長距離ランナーでは未発達の傾向にある。しかし臀部はその反対で、体幹を安定させ股関節の伸展を助けるため、ランニング中の姿勢が改善される。このようにスピードの強化と姿勢の改善に効果があるため、行うだけの価値はある。さらに言うと、ハムストリングスと臀部が一緒に発達すれば、左右のぶれが少なくなり、比較的弱い筋群にケガが生じるリスクも減る。たいていのトレーニングマニュアルは、スクワットのあとにこのエクササイズをするよう、指示している。

ダンベルランジ
DUMBBELL LUNGE

ポイント

初めて行うときはウエイト
が重すぎないようにする。
バランスと柔軟性が動作に
かなり影響を及ぼすため、
正しく行えるように練習し
てからウエイトを増やす。

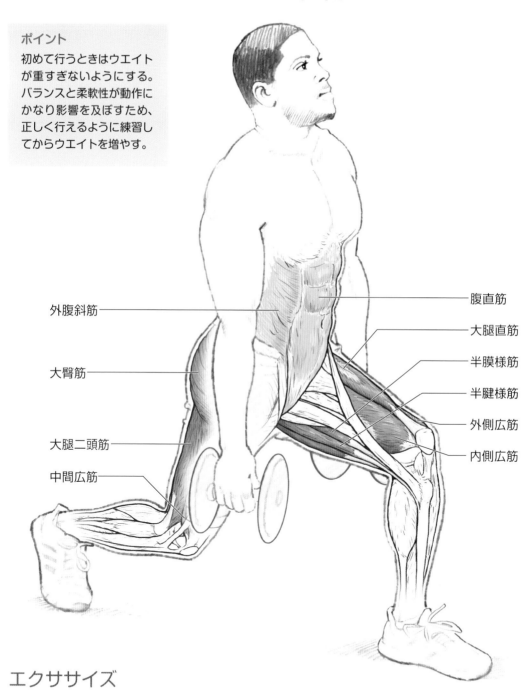

外腹斜筋

大臀筋

大腿二頭筋

中間広筋

腹直筋

大腿直筋

半膜様筋

半腱様筋

外側広筋

内側広筋

エクササイズ

1. 両足を肩幅に開き、よい姿勢で立つ。両手に比較的軽いダンベルを持つ。

2. 片脚を小さく1歩前に踏み出す。踏み込んでいるあいだに腰を落とし、踏み込んだ脚の大腿四頭筋が
   水平になるように、そしてその膝が90°に曲がるようにする。後方の足でバランスをとる。

3. 踏み込んだ脚が水平になったら、その脚を押し上げて最初の姿勢に戻る。1ステップごとに他方の脚
   に替えてもいいし、1セット一方の脚で行ってから他方の脚に替えてもよい。

動員される筋肉

主動筋：大腿四頭筋（大腿直筋、外側広筋、内側広筋、中間広筋）
　　　　ハムストリングス（半腱様筋、半膜様筋、大腿二頭筋）、大臀筋
補助筋：腹直筋、外腹斜筋

安全に行うために

　このエクササイズはケガのリスクがかなり高い。難しい嫌気性のエクササイズを行っているあいだ、膝は比較的脆弱で不安定になるからである。ケガを防ぐには、前に踏み出した足のつま先より膝頭が前に出てはならない。

注意：ランナーのなかには特に大腿骨が長い人もいる。その場合、膝頭がつま先を超えないようにするのは難しい。鏡の前でエクササイズの練習をし、正しいフォームで行っていても膝がつま先を出してしまうのならば、それで構わない。

ランニング・フォーカス

　ランジはスクワット（同様の動作で行う）と同様、体幹、ハムストリングス、大腿四頭筋のすべての筋力を向上させる。しかし正しいフォームをマスターするのは難しい。ウエイトを増やすのは、必ず正しいフォームでできるようになってからにすること。ダンベルではなく、バーベルを使うことも可能だが、肩の上でバーベルを持つと、ランナーにとって不自然な手のポジションになる。ランナーとしては、両手を下にしてダンベルを持つほうが、普通はやりやすい。

　このエクササイズはトレーニングの第2期つまり養成期（LTトレーニング期）に適している。機能的エクササイズであるうえに、ダンベルのウエイトが加わるため、非常に強い筋力をつけることができる。

バリエーション

ロングステップランジ
Lunge With Long Step

　ステップを大きくすることで、通常のステップよりも前脚の中臀筋、大臀筋が強化される。また、大きなステップだと後ろの脚の腸腰筋と大腿直筋が伸ばされる。

マシンを使ったインクラインレッグプレス
MACHINE INCLINE LEG PRESS

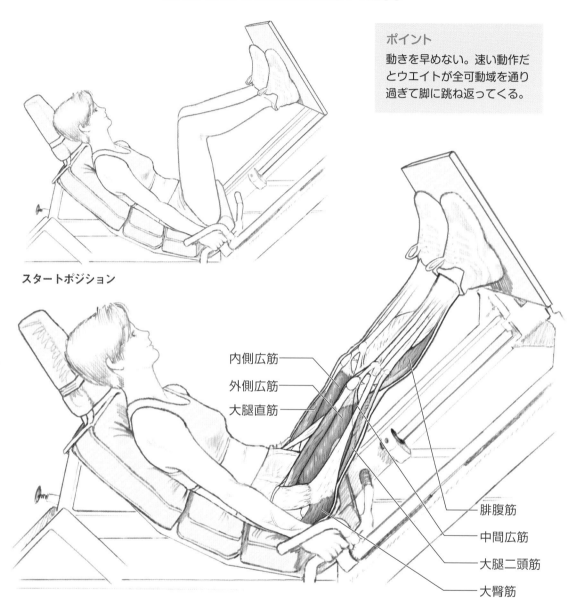

ポイント
動きを早めない。速い動作だとウエイトが全可動域を通り過ぎて脚に跳ね返ってくる。

スタートポジション

内側広筋
外側広筋
大腿直筋

腓腹筋
中間広筋
大腿二頭筋
大臀筋

エクササイズ

1. マシンのフットプレートのいちばん下に足を置く。足幅は肩幅よりも狭くする。背中と頭はバックパッドに押し付ける。安全装置を必ずオンにする。脚がウエイトを支える用意ができたら、安全装置を解除してウエイトが脚にかかるようにする。息を吸う。

2. 脚の付け根、臀部、大腿四頭筋に意識を集中させ、両膝を伸ばして脚をスムーズに動かし、完全に伸展させる。

3. スタートポジションに戻る。その際、膝を徐々に曲げていく。そうすることでウエイトはゆっくりと元の場所に戻る。

安全に行うために
このエクササイズはマシンで行うためウエイトを増やすこともできるが、正しいフォームが身につくまでは、増やし過ぎないように注意すること。

動員される筋肉

主動筋：大腿四頭筋（大腿直筋、外側広筋、内側広筋、中間広筋）、大臀筋
補助筋：腓腹筋、大腿二頭筋

ランニング・フォーカス

　このエクササイズは安全なエクササイズであり、マシンの上で行うため比較的重いウエイトが使える。したがって短期間で大腿四頭筋と臀筋の筋力を向上させることができる。このエクササイズはスタビライザー（腹筋や内転筋）の集中的な動員もなく、大腿四頭筋と臀筋だけに働きかける。そのため、大腿の両側を強化することが可能になり、筋力の不均衡の解消、ケガのリスクの回避につながる。

　フットプレートの足の置き場所を変えると、影響を受ける筋群も変わる。臀筋を重点的に働かせるには、フットプレートの最上部に足を置く。

　このエクササイズでは大きな筋群に重点が置かれるため、ランナーのための爆発的なパワーを作り出す。そのため、いちばん適しているのは、5kmのような比較的短い距離や、トラックで行われるスプリント種目または中距離の種目に向けてトレーニングをしている選手である。トレーニング時期として適しているのはすべてのランナー共通で、導入期である。なぜなら、このエクササイズは機能的な、種目に特化したエクササイズというよりは、全般的な筋力強化エクササイズだからである。

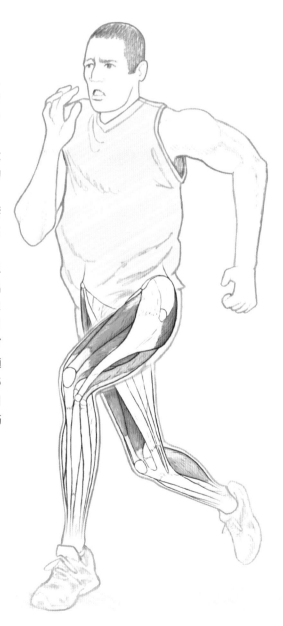

ベントレッグ・グッドモーニング
BENT-LEG GOOD-MORNING

ポイント
ゆっくり行い、腰部と
ハムストリングスが伸
びるのを感じる。

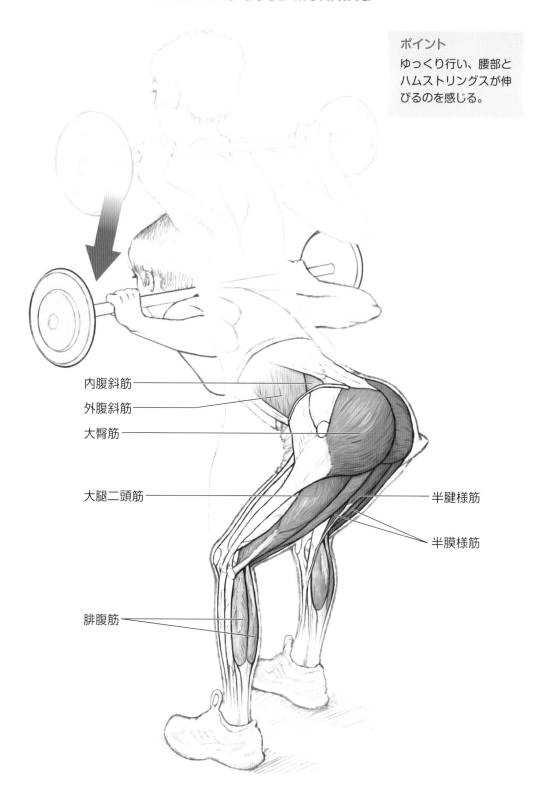

内腹斜筋

外腹斜筋

大臀筋

大腿二頭筋

半腱様筋

半膜様筋

腓腹筋

エクササイズ

1. 両足を肩幅に開き、よい姿勢で立ちながら、軽いウエイトをつけたバーベルを両肩に担ぎ、両手でつかむ。
2. お辞儀をするように腰の位置で上体を倒す。そのとき背中は1つの面になっているようにする。腰部の彎曲を保つ。動作中、臀筋を外側に突き出す。上体を下げていくときは息を吸う。
3. 骨盤の回転に意識を集中させながら上体を上げ、最初の姿勢に戻る。

動員される筋肉

主動筋：ハムストリングス（半腱様筋、半膜様筋、大腿二頭筋）、大臀筋
補助筋：腓腹筋、外腹斜筋、内腹斜筋

ランニング・フォーカス

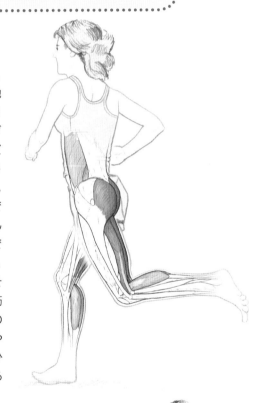

　トレーニングで距離を踏むと腰部が慢性的に硬くなると訴える長距離ランナーは多い。事実、踵接地の衝撃に悩まされるうえに柔軟性がなくなるという理由から、今までに多くのランナーがトレーニングをやめ、ほかのスポーツに転向していった。ではどうしたらこの負担を軽くすることができるのだろうか？　それには正しいエクササイズが頼りになる。たとえば、このベントレッグ・グッドモーニングである。本書で紹介したほかのエクササイズのほとんどがそうであるように、このエクササイズも単純でありながら、多くの効果がある。具体的に言うと、ハムストリングスと臀筋を強化するだけでなく、それを伸ばすこともできるため、腰部・骨盤にある筋肉と骨の間の結合組織を緩めることができる。この運動連鎖は膝にも影響する。なぜなら腰部がしなやかなほどハムストリングスが引っ張られることは少なくなり、ひいては膝蓋骨の軌道を正常にするからである。

バリエーション

ストレートレッグ・グッドモーニング
Straight-Leg Good-Morning

　グッドモーニングは、脚を伸ばして（ストレートレッグ）行ってもよい。しかし慢性的にハムストリングスが硬い人は、脚を曲げて（ベントレッグ）行うべきである。なぜなら重視すべき問題はハムストリングスの柔軟性にあるからである。いったん柔軟性が向上すれば、ストレートレッグで行ってもよい。

ダンベル・ルーマニアン・デッドリフト
DUMBBELL ROMANIAN DEADLIFT

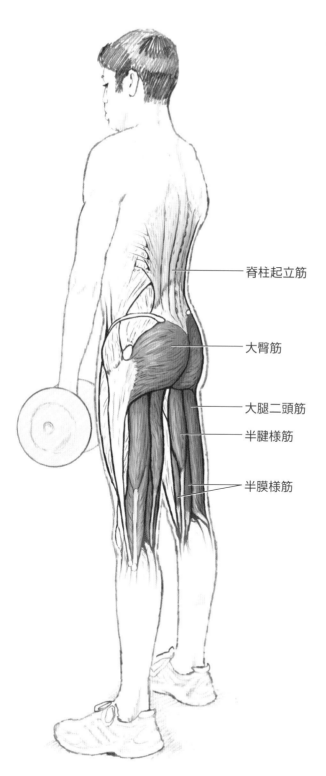

脊柱起立筋

大臀筋

大腿二頭筋

半腱様筋

半膜様筋

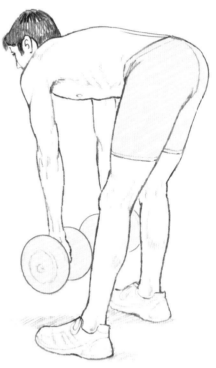

フィニッシュポジション

ポイント
ダンベルは床につくまで下げ
ないこと。腰部のわずかな彎
曲を保てば、そこまで動作は
大きくならないはずである。

エクササイズ

1. 両足を少し離し、両膝をわずかに曲げて立つ。両手にダンベルをオーバーハンドグリップで握って持ち、両腕は下に下げる。腰部は自然に若干彎曲した状態である。
2. 徐々に腰から上体を倒す。背中は1つの面のようにして下ろすと同時に、自然な彎曲を保つ。上体を倒すときにダンベルは大腿四頭筋をかすめるようにして下ろしていく。
3. これ以上ウエイトを下ろせないというところまできたら、直立の姿勢に戻る。

動員される筋肉

主動筋：ハムストリングス（半腱様筋、半膜様筋、大腿二頭筋）、大臀筋

補助筋：脊柱起立筋（腸肋筋、最長筋、棘筋）

ランニング・フォーカス

　このきついエクササイズでは大腿、なかでもハムストリングスと臀筋を主に使う。きわめて機能的であり、ランニング時と同じような形で筋肉を働かせるエクササイズである。前述のとおり、大きな筋群である大腿四頭筋とハムストリングスとのバランスを維持することは、走動作における伸展と推進の鍵となる。このエクササイズ（および同じ目的を果たすほかのエクササイズ）を行えば、股関節を伸ばし、大腿の後面を強化することができるため、ケガ回避もほぼ確実になる。よって、トレーニングを中断することなく続けられる。さらに、こうした比較的強度の高いエクササイズは、速いペースで走るときに必要なハムストリングスの速筋線維を鍛える方法としては、最適である。

スクワット
SQUAT

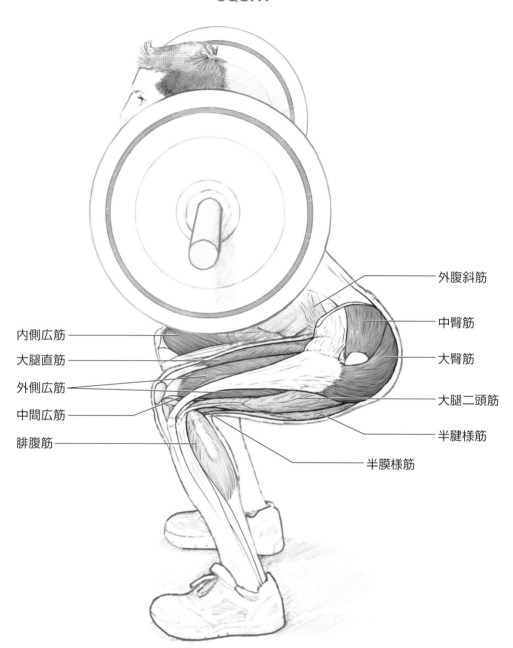

外腹斜筋

中臀筋

大臀筋

大腿二頭筋

半腱様筋

半膜様筋

内側広筋

大腿直筋

外側広筋

中間広筋

腓腹筋

エクササイズ

1. スクワットラックにバーベルを設置し、その下に移動する。バーベルを三角筋と僧帽筋の中央に乗せる。頸椎には乗せないこと。両足はつま先をやや外向きにして肩幅に開く。

2. 胸を開きながら息を深く吸う。身体を真っすぐに伸ばし、ラックからバーベルを持ち上げるが、その際、腰部の自然な彎曲を保つこと。

3. 適正なポジションをとる。それにはまず2、3歩後方に下がり、足を再度適正なポジションに置き、腰部が明らかに彎曲しているのを再度確認する。

4. 頭の高さに目線を置き、スクワットの動作を始める。まず股関節の位置で前方に身体を折り、臀部を下げる。大腿が水平になったら、息を吐きながら膝を伸ばして最初の姿勢に戻る。

動員される筋肉

主動筋：大腿四頭筋（大腿直筋、外側広筋、内側広筋、中間広筋）、大臀筋、中臀筋、小臀筋

補助筋：ハムストリングス（半腱様筋、半膜様筋、大腿二頭筋）、外腹斜筋、腓腹筋

ランニング・フォーカス

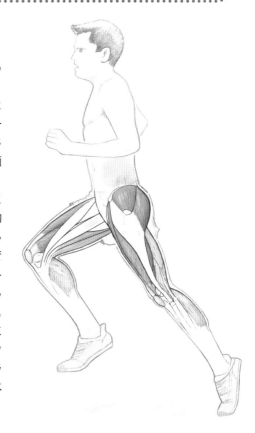

このスクワットは主に大腿四頭筋のエクササイズであるが、安定性が求められるので、体幹、ハムストリングス、下腿の筋肉の強化にもつながる。重いウエイトを使うこともできるが、その必要はない。スクワットはダンベル・ルーマニアン・デッドリフトあるいはグッドモーニングと同じセッション内に行うべきである。これは、脚の前面と後面のバランスをとるためである。

マシンを使ったインクラインレッグプレスと同様に、このスクワットも大きな筋群に重点が置かれるため、爆発的パワーを生む。そのためこのエクササイズがいちばん適しているのは、5 ㎞のような比較的短い距離や、トラックで行われるスプリント種目または中距離の種目に向けてトレーニングをしている選手である。トレーニング時期としては、通常、長距離ランナーの導入期に主に用いられる。なぜなら、このエクササイズは種目に特化した機能的なエクササイズというよりは、全般的な筋力強化のためのエクササイズだからである。しかし、スクワットはすべてのランナー（スプリンター、長距離ランナーの両方）の、すべてのトレーニング期において、頼りになるものである。

バリエーション

ダンベルを使ったシングルレッグスクワット
Single-Leg Squat With Dumbbells

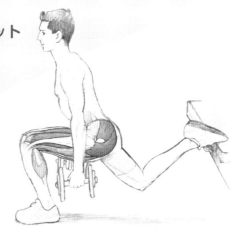

このエクササイズは大腿内側の内転筋の強化を促進する。両手にダンベルを持ちベンチの 60 ～ 90 ㎝前に立つ。ベンチの上に一方の足の甲を乗せる（つまり、靴紐が下を向く）。前脚の膝が 90°になり、後脚の膝が床につく寸前まで上体を下ろす。前脚の大腿四頭筋を使って身体を押し上げ最初の姿勢に戻る。一方の脚で 12 回 1 セットが終わったら、脚を替える。ダンベルは重くする必要はない。実際、正しいフォームを身につけるまでは、ウエイトは追加しない。

フロッガー
FROGGER

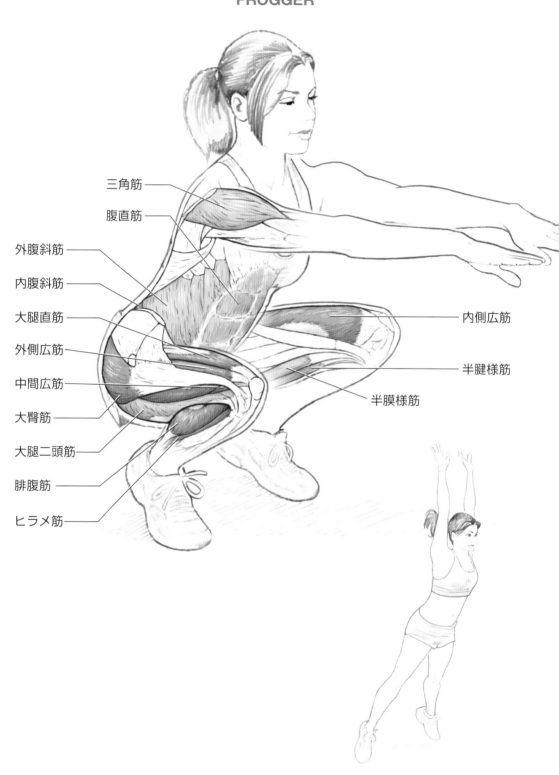

三角筋

腹直筋

外腹斜筋

内腹斜筋

大腿直筋

外側広筋

中間広筋

大臀筋

大腿二頭筋

腓腹筋

ヒラメ筋

内側広筋

半腱様筋

半膜様筋

空中ポジション

エクササイズ

1. フルスクワットのポジションになる。両足は若干離し、大腿は水平にする。腰部はやや彎曲し、頭の位置は身体の中心だが、あごはわずかに上げる。両腕は身体の前方へ伸ばす。
2. 深く息を吸いながら両腕を後方に振り、その後直ちに前方に振り上げる。両腕が頭上に振り上げられるあいだにモーメントが生じるため、フルスクワットのポジションから両脚で 60° の角度にジャンプすることができる。ジャンプして、最高点に達したと同時に着地の準備に入る。そして着地したと同時に身体を沈め、最初の姿勢（フルスクワット）に戻る。
3. この動作によって身体は若干前に移動する。ゆえに垂直面・水平面の両方での筋力が重視されていることになる。
4. 正しいスクワットのフォームに戻ったら直ちにジャンプを再開する。

動員される筋肉

主動筋：大腿四頭筋（大腿直筋、外側広筋、内側広筋、中間広筋）、大臀筋、腓腹筋、ヒラメ筋

補助筋：ハムストリングス（半腱様筋、半膜様筋、大腿二頭筋）、
三角筋、腹直筋、外腹斜筋、内腹斜筋

ランニング・フォーカス

　フロッガーは推進力のエクササイズであり、これを行うには、大腿四頭筋、ハムストリングス、臀筋を動員して最初の姿勢から爆発的な動きへと移らなければならない。（スターティングブロックからスタートする）スプリンターにとっては、実戦に応用ができる。また、すべてのプライオメトリック・エクササイズと同様、関与する筋肉を強化してエネルギー消費を抑えることにより、長距離ランナーのランニング・エコノミー向上が促進される。

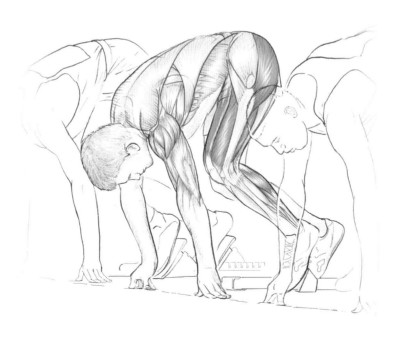

ボックス・ステップアップ
BOX STEP-UP

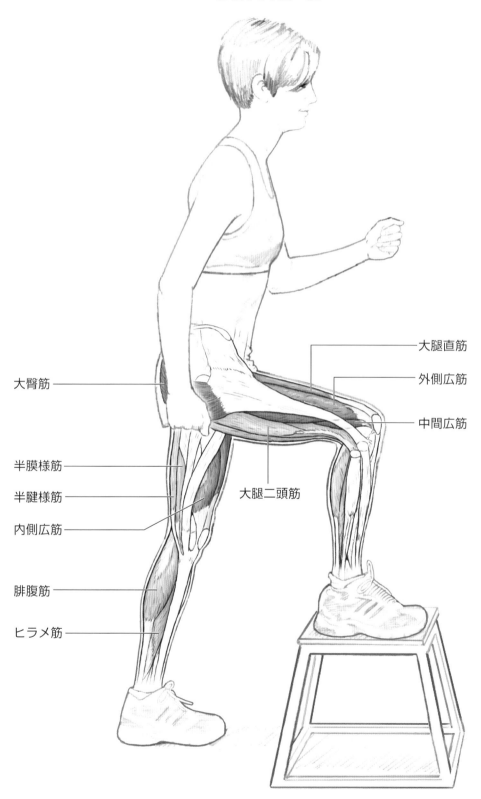

大臀筋

大腿直筋

外側広筋

中間広筋

半膜様筋

半腱様筋

大腿二頭筋

内側広筋

腓腹筋

ヒラメ筋

エクササイズ

1. プライオボックス（ジャンプボックス）あるいはベンチに向かってよい姿勢で立つ。ボックスまたはベンチの高さは膝を超えないこと。
2. 一方の脚の大腿四頭筋を使って足を床から離し、ボックスまたはベンチの上に置く。このとき膝を90°に曲げる。他方の脚も同じようにしてステップアップし、ボックスまたはベンチの上に両脚で立つ。
3. 上がったときと逆の動きでボックスから下りる。これを繰り返して1セット行う。次のセットでは他方の脚から始める。

動員される筋肉

主動筋：大腿四頭筋（大腿直筋、外側広筋、内側広筋、中間広筋）、大臀筋

補助筋：ハムストリングス（半腱様筋、半膜様筋、大腿二頭筋）、腓腹筋、ヒラメ筋

ランニング・フォーカス

　このエクササイズは第1章に示したドリルAとよくV似ているが、ほとんど衝撃がなく、はるかに長い時間行うことができる。ステップアップは回数を数えずに時間を測ってもよい。一例を挙げると、1分×2回をゆっくり行い、その後に1分×2回を速く、再び1分×2回をゆっくり行うという練習が考えられる。バリエーションをつけるには、ステップアップのスピード、ボックスの高さ、インターバルの長さを変える。一見簡単そうに見えるがステップアップの5分間は、臀筋と大腿四頭筋を疲れさせるには、十分すぎる時間である。

体幹

人間の骨盤がなぜ進化したか。楽しく走るため、という理由では、まったくその説明にならない。骨盤を構成する骨の第一の存在目的は、胎児の成長を保護することにある。もちろん、男性にはそのような必要性はないため、男性の骨盤は女性よりも狭くできている。しかし、骨盤は男性にとっても女性にとっても、脚が身体の他の部位とつながる場所でもあり、また歩行機能を可能した進化が始まった場所でもある。

骨盤は6つの主要な骨から構成される：腸骨、坐骨、恥骨がそれぞれ2つずつ存在する（**図 6-1a**）。これらの骨は互いにしっかりと連結しており、緩みは見当たらない。しかし両側の腸骨が後方で背骨の最下部（仙骨）に連結する場所（仙腸関節）は、かなり動くことが可能である。この可動性は出産時にかなり顕著である。出産時はホルモンの影響により、関節に結びついている靭帯が弛緩する。それは、亜脱臼もしくは部分的な脱臼となるほどのゆるみである。したがって、出産後すぐに走ろうとする女性は、骨盤がかなり不安定に感じられることもあるだろう。また、その不安定な骨盤がもたらす慢性的な痛みを覚えることも考えられる。仙骨の上方には5つの腰椎がある。腰椎には骨格全体を安定させる重要な役目がある。

この2つの仙腸関節のほか、腹部の最下部には両側の恥骨が恥骨結合により連結している。この比較的しっかりとした線維結合が、脚と胴体との回転軸を形成する。そのため、最大の力がかかるポイントとなる。つまり、その分ダメージを受けやすい。滑ったり、転んだりしたとき、あるいは慢性的なオーバートレーニングにあるときに、故障しやすいのである。

腸骨の両側にはくぼみがあり、これが股関節を形成している。股関節はいわゆる球関節である（訳者注：その形状がボールとソケットにたとえられる）。股関節の形状は進化の結果、最大限の安定性に最大限の可動域が伴うようになった（肩関節も同様だが、股関節よりも浅く、負荷がかかると脱臼

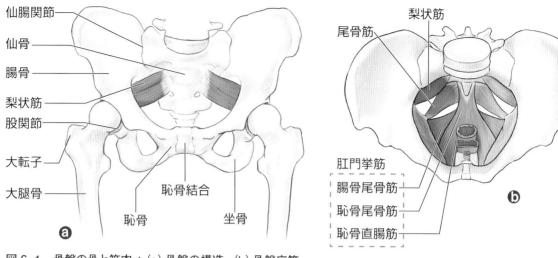

図 6-1　骨盤の骨と筋肉：(a) 骨盤の構造　(b) 骨盤底筋

しやすい)。股関節のボール部分は大腿骨頭から成る。そしてソケット部分は寛骨臼という骨性の取り囲みから形成される。このソケット部分が周囲の筋肉や腱の密度と弾性の影響を受けて、関節の動作を制限する。

　骨盤を上から見て卵形の時計に見立てると、2つの仙腸関節はそれぞれ11時と1時の位置にあって、きわめて近接している。股関節は4時と8時、恥骨結合は6時に位置している。このうち1つの関節が動くと、ほかの関節も位置を変え、その動きを補わなければならない。この相互関係がランニングでは大きな意味を持つ。なぜならば骨盤はランニング動作中、左右に振れたり捻れたりして、骨盤の中や周囲の構造に影響を及ぼすからである。

　骨盤底は肛門挙筋により形成される(図 6-1b)。肛門挙筋(levator ani)はラテン語の素養がある人にとってはわかると思うが、読んで字のごとく、肛門を上げる働きをしている。そして骨盤内にあるほかの内臓が骨盤出口から逸脱しないように受け止める働きもしている。肛門挙筋はほかの筋肉とまったく同じで、トレーニングをして引き締める必要がある。肛門挙筋が弱いと、人によって程度の差はあるが、失禁を引き起こす。ランニングは腹腔に圧力を加えるため、肛門挙筋が弱いと望まざる生理現象を引き起こしかねない。

　骨盤にあるほかの筋肉には二重機能がある。股関節にある回転軸を基盤として両脚を安定させ、なおかつ動かすのである。股関節には、比較的伸展性に欠けるものの広域の動作を可能にする大きな靭帯があり、これらが安定性を助けている。腰椎と腸骨の内側からは、腸腰筋が身体の両側を走行している。これが骨盤を通過し、内臓を取り巻く柔らかい壁を形成している。さらに腸腰筋は股関節の下方で大腿骨の内側に到る。なお腸腰筋は腰椎で背部を外側から支えている脊柱起立筋と反対の働きをする。この腸腰筋は股関節の強力な屈筋であり、大腿を腹部に向けて引き寄せる力がある。

　臀部のほとんどは、臀筋により形成されている。臀筋は3つの層からなり、腸骨の後面外側を斜め45°下に向かい走行している。股関節は外側の大臀筋の収縮により伸展、外旋する。この外側の

層である大臀筋は大腿筋膜張筋と同じく大腿の外側に停止する（第5章参照）。大臀筋の内側には、中臀筋と小臀筋があり、大腿骨上の大転子に停止する。中臀筋と小臀筋は大腿を外側に引く（「外転」として知られる動作）。このとき股関節は支点として働く。

　中臀筋に沿って存在するのが梨状筋である。梨状筋は股関節を安定させ外転させる働きを持つ。腰に痛み（監修者注：実際には坐骨神経痛）のあるランナーは梨状筋症候群である可能性は大いにある。梨状筋は坐骨神経に近接しており刺激を与えるが、このことが梨状筋症候群の原因となることは多い。

　股関節は可動性が非常に高いため、骨盤の周囲あるいは上方に起始する筋肉によって生じた力は、ほかの筋群によって生じた力の反作用を必ず受ける。前者の筋肉とは主に臀筋であり、まず股関節を後方に引き、そして外転、外旋させる。この拮抗筋は大腿にある筋群で、たいてい2つ以上の機能を果たしている。そのうち、ハムストリングス（半膜様筋、半腱様筋、大腿二頭筋）はすべて恥骨下部に起始し（図6-2）、大腿後面、膝関節後面を走行して膝関節を屈曲させる（下肢については第5章で詳しく述べた）。ハムストリングスの大腿での機能とは、股関節を後方に伸展させることである。また、3つの内転筋（大内転筋、長内転筋、短内転筋）と薄筋は、すべて協働して大腿を引く。内転筋は骨盤内部に起始し、大腿骨の内側縁に沿って付着し、停止する。大腿直筋とその他の大腿四頭筋（監修者注：実際には中間広筋以外）も腸腰筋と同様に、股関節をまたがって伸びている。これらが収縮すると、大腿骨が屈曲の動作をする。

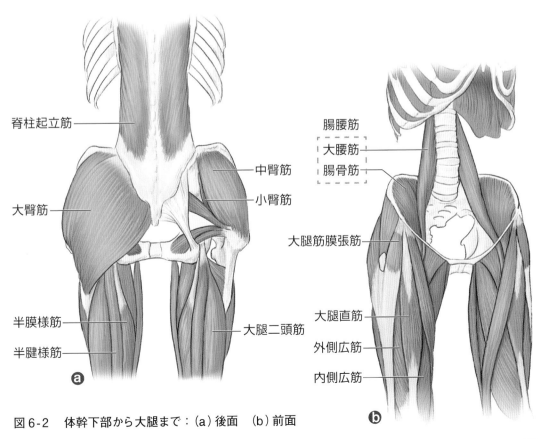

図6-2　体幹下部から大腿まで：（a）後面　（b）前面

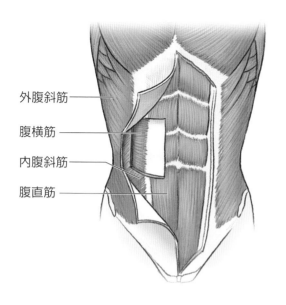

外腹斜筋 ———

腹横筋 ———

内腹斜筋 ———

腹直筋 ———

図6-3　腹直筋とその周囲をとりまく筋肉

　筋肉はそれぞれが別個の存在である。しかし、互いにつながっていることが多いため、解剖する際に切り分けるのは難しいかもしれない。ランニングは反復動作であるため、ほんのわずかに機能が異なる筋肉でさえ、拮抗して働いたり、マイナスの摩擦力を生じたりする可能性もある。この状態が、「滑液包(かつえきほう)」と呼ばれる、液体を含んだ小さな嚢の形成につながる。滑液包のうち最大のものは大転子周辺に見られ、「大転子部滑液包」として知られている。特にトレーニングの質あるいは量が変わってときなどは、これが炎症を起こし痛むこともある。

　話を骨盤とその近接の内臓に戻す。腹部には（胸部とは異なり）内臓を安定させるための骨構造がない。垂直方向の高さは腰椎があることにより維持されているが、その安定性を担っているのは腹腔内容物であり、これらが周囲をとりまく筋肉の壁で逆圧をかけている。この壁は腹直筋から成る。腹直筋は、恥骨および恥骨結合に起始し、前腹壁の中央を経て胸郭下に停止する（図6-3）。

　この壁の外部には、対角線上に走行する外腹斜筋(がいふくしゃきん)・内腹斜筋(ないふくしゃきん)のほか、腹横筋(ふくおうきん)がある。これらの筋肉は3つの機能を果たしている：胴体の外転と回旋、腰椎と胸椎下部の前屈、腹部の保持である。ランニング中は、これらの筋肉が骨盤の動きとともに、代わるがわる伸長・短縮を繰り返す。その動きは横方向だけではない。周囲の部位に対して捻れたり、上昇したり下降したりもする。さらに呼吸の速度が増すと、横隔膜(おうかくまく)や肋骨(ろっこつ)と連動して、呼吸を助ける。この働きは特にランナーが息切れしたときに顕著である。また、こうした複数の働きを同時に果たさなければならない時もあるが、鍛えられれば、その働きは向上する。

　これとは対照的に、腰の筋肉と腰椎の役割はランニング中の受動的な支持にある。まず、直立姿勢を維持しなければならない。この働きは坂道に対応する必要があるときに発達する。坂道では重力によって身体は転倒しかねない。ゆえに上体は後方または前方に傾いて、この重力に逆らわなければならないのである。さらに、回転やカーブでは身体を回旋・傾斜させ、路面が斜めに傾いている場合は重心を横に移動する。こうした役割を、安定性を維持しながら果たすために、腰椎を取り囲む筋肉は必要に応じて収縮したり、伸長したりする。もちろん、こうした複雑な動作には、あらゆる姿勢が付随する。脚が動くときや、肺が呼吸をするとき、あるいは腹腔内容物がランニング中に摂取した液体や栄養素に対応しようと動くとき、姿勢はさまざまに変化する。このような姿勢のバリエーションが複雑な動作に組み合わさるということだ。内在的な筋力、特に腰椎を取り巻く筋肉の内在的な力は、いかなるランナーにとっても不可欠なものと、とらえるべきである。なぜなら、どこかに筋力不足があれば、ほかの部位にも波及しやすいからである。

服装のファッションと同じように、ランニング障害にも流行り廃りがある。近年、ランニング関係の会議やスポーツ医のミーティングで常に議論されるのは、臀筋の不活動や骨盤の前傾・後傾に由来する障害である。これはもっと一般的な社会でも同様である。以前は、足のバイオメカニクスが不適切であることだけが、大方のランニング障害の原因と考えられてきたが、今ではそれが臀筋・骨盤・股関節の問題に取って代わられている。

多くのランニングの専門家が言うには、問題のほとんどは臀筋の筋力不足に原因がある（特に大臀筋と中臀筋）。臀筋の機能性が失われると、ほかの筋肉、つまり股関節を屈曲させる大腿四頭筋や腸腰筋（大腰筋と腸骨筋から成る）が、骨盤周辺の安定化のために動員される。ここで重要視される腸腰筋が骨盤前傾の主犯とみなすこともできる。腸腰筋はランニングによるオーバーユースのため短縮する（硬くなる）という事実があるからだ。細かく言うと、ランニングでは股関節の屈曲が繰り返されるためである。逆に骨盤の後傾は、腸腰筋が弱いことに原因がある。腸腰筋が弱いと大腿筋膜張筋と大腿直筋のような補助筋の働きが必要になる。

不適正に骨盤が傾くと、一見骨盤とは無関係に思えるケガにつながることもある。たとえば、骨盤の機能障害が膝蓋大腿症候群につながるという理論がある。ハムストリングスが過剰に動員されて伸長されると、膝関節包と前方の靭帯に異常な負荷をかける。そのため、痛みが原因から45㎝も離れた関節で起きる、というのである。

これよりも一般的なトラブルとしては、股関節複合体（腰椎、骨盤、股関節の筋骨格要素）が不安定になり、体幹の痛みや違和感につながる、という事例がある。このトラブルの根本は、股関節が意図された通りに機能できないことにある。そしてその理由は、運動連鎖に含まれる筋肉が弱いか、機能が損なわれているために、ランニングに関わる筋肉が補助的な動作をせざるを得ない、ということにある。たとえば、ハムストリングスの筋肉（脚の後面）は、ランニングのバイオメカニクスにおいて、ある決まった役割を果たしている。つまり、主として膝の屈曲、副次的には腰の伸展を担っている。しかし、中臀筋あるいは大臀筋が「スイッチオフ」の状態になったにもかかわらずランナーが走り続けようとすると、ハムストリングスは、その動作の主動筋として最適でないのにかかわらず、副次的な役割をフル回転で果たさなければならない。機能障害が起きた動作パターンを長く続ければ、オーバーユースによるケガを引き起こす。

骨盤の異常な傾きについては、きわめてシンプルかつ理にかなった方法で対処することができる。それには後面で連鎖している筋肉（臀筋とハムストリングス）を強化するエクササイズを行う。本章で紹介するエクササイズでは、ワンレッグブリッジとスライディングレッグカールである。しかし、後面の連鎖した筋肉を使ったエクササイズが、正しいランニング姿勢の支えとなり、結果的にパフォーマンスの向上につながるのは間違いないが、これらの筋肉を過度に重視すれば、問題を引き起こすこともある。偏ったエクササイズならばいずれもそうである。たとえば股関節屈筋が硬くなる、骨盤底

機能障害になるといったことは、たいていが出産に関わる問題だが、出産経験のない女性ランナーにも起こりえることである。強い筋肉を持っているというだけでは、機能的であることにはならない。適正なランニングフォームを手に入れるためには、前面の大きな主動筋（腹部の筋肉）と後面の主動筋（臀筋）のバランスに重きを置くべきである。

ピラティス

　ピラティスは身体の筋力、柔軟性、姿勢を向上させ、メンタル面への意識を高める運動療法である。ピラティスでは６つのキーコンセプトを重視する。すなわち、コンセントレーション（集中）、センタリング（体幹）、コントロール（意識）、ブレス（呼吸）、プレシジョン（正確さ）、フロー（流れ）である（カッコ内は訳者補足）。ピラティスはマットの上でもマシン（ピラティスの提唱者であるジョセフ・ピラティスが開発したリフォーマーと呼ばれるもの）の上でも行われる。

ランナーにとってのピラティス

　若年のランナーは年配のランナーに比べて身体が強く柔軟であり、姿勢とフローがよい（つまり、より自然なランニングリズムである）傾向にある。反対に年配のランナーは若年のランナーに比べて、コンセントレーション、ブレス、プレシジョンに長けていることが多い。そう考えると、ピラティスにはあらゆるランナーに効果をもたらす可能性があるようだ。しかし、具体的にはどのように効果が発揮されるのだろうか？　この疑問に対する答えを、ピラティスの６つのキーコンセプトに照らしながら、考えてみよう。

　ピラティスでは、小さな動作にフォーカスを絞ることによって、コンセントレーションを利用しなければならない。レースであれ練習であれ、このようなフォーカスは欠かせない。ランナーはそうすることで、今この瞬間に集中する、ということができるからである。

　ピラティスではセンタリングも重視する。つまり、すべての動作をパワーハウスから生み出すということだ（ピラティスで言うパワーハウスとは、下位肋骨と恥骨の間にある部分のことである）。ピラティスのエクササイズはそれぞれターゲットとなる筋肉を働かせる。骨盤底筋（肛門挙筋と尾骨筋）、体幹の筋肉（腹斜筋、腹直筋、腰方形筋、腹横筋）、大臀筋。これらはランニング中に体幹を安定させるのに不可欠な筋肉である。

　コントロールはコンセントレーションやセンタリングというコンセプトと一致する。つまり、体幹（センタリング）を中心とする身体のなかの、きわめて限られた部位で生じる小さな特定の動作に集中（コンセントレーション）することで、ダイナミックなランニング動作のなかで、自分の身体をコントロールする。これが誰にでも身につけられるということである。究極の目標は体幹を筒状に保ち、それをわずかに（腰からではなく）足から前傾させることにある。

　ピラティスでは確立されたブレス（呼吸）パターンがあるが、これもランナーにとって有効だ。最大限の吸入、胸郭の拡張を重視することにより、ランニングもピラティスも新鮮な酸素を効率的に肺（および肺から心血管系）に送り込み、二酸化炭素を呼出によって排出することができる。

ピラティスの動作におけるプレシジョン（正確さ）は、コンセントレーション、センタリング、コントロールの3つの「C」が融合して生まれるものである。走っているときも、一歩一歩、これと同じことが言える。動作周期において各動作は正確であるべきだが、機械的ということではない。このようなアプローチをとればランナーはフローに到達することができる。フローとは、ピラティスで培われる究極的な要素である。

クラシカルピラティスとコンテンポラリーピラティス

クラシカルピラティスとは、ジョセフ・ピラティスが考案した独自の指示と順序を守るもので、彼の教え子や信奉者がその古典的なメソッドを現代の指導者たちに伝えてきた。クラシカルピラティスには、マットで行うクラス、リフォーマー（マシン）で行うクラスの両方がある。

コンテンポラリーピラティスがクラシカルピラティスと異なるのは、理学療法やバイオメカニクスの研究から現代の理論を取り入れていることにある。その動作はやはりジョセフ・ピラティスの教えを土台にしているが、アップデートされ続けており、最新の身体理論つまりコンテンポラリーな理論と現代社会のストレス（背中を丸めてPCの画面を見続けるために姿勢が悪くなることなど）が反映されている。コンテンポラリーピラティスでは、骨盤のニュートラルポジションも提唱している。これは腰に自然なアーチがわずかにできている状態である。それに対し、クラシカルピラティスでは、パワーハウスの後傾を教えている。

クラシカル、コンテンポラリーのどちらの流派も、ランナーを含むほとんどの人に効果がある。しかし、「コンテンポラリーな」ピラティスという言葉には、ピラティス風であればどんな動作でも含まれてしまう可能性がある。よって、それが考案者の意図と一致するときもあれば、そうでないときもあるだろう。どちらの流派であっても、キーポイントとなるのは、動作が行う人の目標達成に効果があるか、ということである。

部位別トレーニング・ガイドライン

自重による動作だけの体幹のエクササイズは、高回数を何セットも行うことができる。自重エクササイズはすべてゆっくりと慎重に行うべきである。余分に抵抗をかけるわけではないので、ウエイトを動かすことではなく、動作を完璧に行うことのほうに重点を置くこと。

エクササイズを高回数行うという方法は、長距離ランナーにとってプラスに働く持久筋力を強化するには、非常によい。しかし、パワーに必要な筋力を得るには、それよりも大きな抵抗を利用するしかない。よって、どのウエイトを使うか（ウエイトを使うエクササイズの場合）、そしてどれだけ多い（あるいは少ない）回数を行うかということは、練習の目標、もっと大きく言えば、パフォーマンスの目標によって変わる。

体幹のエクササイズは、すべてのトレーニング期で行うべきである。エクササイズの多くは自重のみを使ったものなので、週に3回もしくは4回行うことを勧める。

バックエクステンション・プレスアップ
BACK EXTENSION PRESS-UP

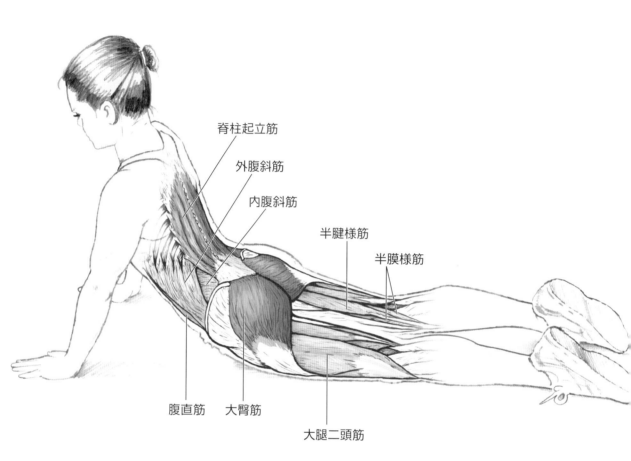

脊柱起立筋

外腹斜筋

内腹斜筋

半腱様筋

半膜様筋

腹直筋　　大臀筋

大腿二頭筋

エクササイズ

1. うつ伏せに寝て、プッシュアップ（腕立て伏せ）のように肘を曲げて床に手をつく。両脚は後方に伸ばす。身体を真っすぐにピンとさせる。

2. 両手で床を押すが、胴体が床から離れるまでにとどめる。この姿勢を 10 ～ 15 秒維持する。この間、呼吸は止めない。

3. 肘を曲げて身体を下ろし、最初の姿勢に戻る。

動員される筋肉

主動筋：脊柱起立筋（腸肋筋、最長筋、棘筋）、大臀筋

補助筋：ハムストリングス（半腱様筋、半膜様筋、大腿二頭筋）、

外腹斜筋、内腹斜筋

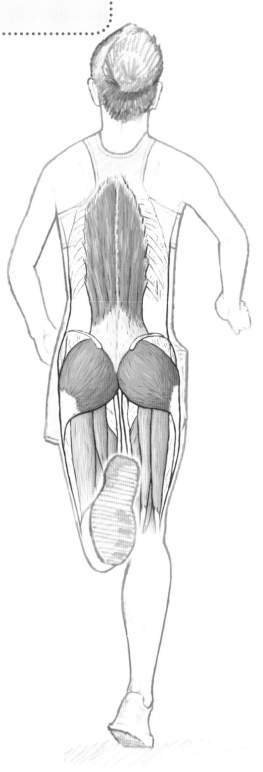

ランニング・フォーカス

　非常にシンプルだがプッシュアップと混同しては
ならない。これは腹直筋の拮抗筋である脊柱周辺の
筋肉と腱の強化を促進するエクササイズである。さ
らに、支持構造である仙骨と腰椎を強化し、伸ばす
働きもする。このようにして、骨盤の回転と捻れが
正しく行われるようにするほか、骨盤の前傾も緩和
させる。骨盤の前傾は、腹部の強化エクササイズを
やり過ぎて起きることも考えられ、それが腹部と腰
部との筋力の不均衡につながることもある。

　残念ながら、体幹のエクササイズを重視するとな
ると、往々にして腹部ばかりが鍛えられ、臀筋や腰
がなおざりになってしまう。力強い臀筋や支持構造
である腰がないと、ハムストリングスはそれまでに
適切に鍛えられていたとしても、十分な筋パワーを
生み出すことができないかもしれない。要するに、
鎖の強さは最も弱い輪で決まる、ということわざの
とおりである。

　適正な骨盤の動きは動作周期のなかでも非常に重
要である。骨盤のアライメント異常は、腹部と腰の
筋力の不均衡が原因と思われるが、これがケガを引
き起こすこともある。そうなると、心胸郭系の体力
に優れていたとしても、そのケガによってパフォー
マンスは阻害される。

第 **6** 章 体幹

ワンレッグブリッジ
BRIDGE WITH LEG KICK

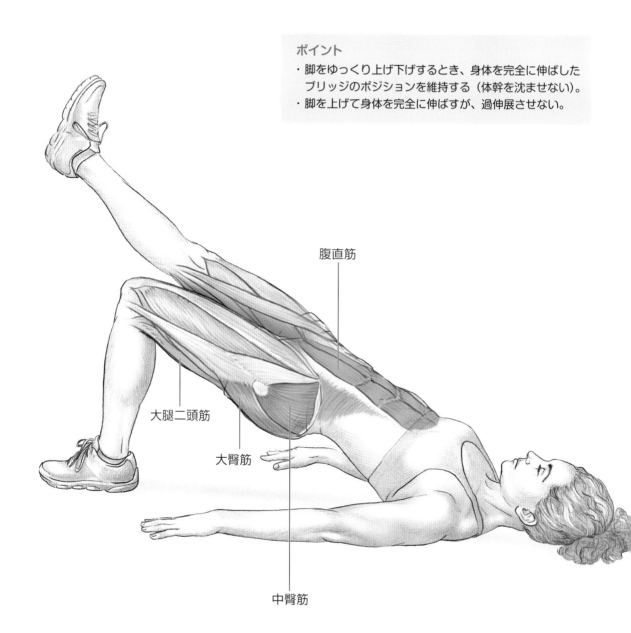

ポイント
・脚をゆっくり上げ下げするとき、身体を完全に伸ばした
　ブリッジのポジションを維持する（体幹を沈ませない）。
・脚を上げて身体を完全に伸ばすが、過伸展させない。

腹直筋

大腿二頭筋

大臀筋

中臀筋

エクササイズ

1. 仰向けに寝て両膝を立てる。
2. 股関節部分をできるだけ高く浮かせる。それと同時に臀筋を引き絞る。肩甲骨は床につけたままにする。
3. ブリッジのポジションになったら、一方の下腿を真っすぐに伸ばし、その状態を5秒維持する。
4. 脚を下ろし、足裏を床について身体を支え、反対側の脚に替わる。

動員される筋肉

主動筋：大臀筋、中臀筋、小臀筋、腹直筋、腹横筋

補助筋：ハムストリングス（半腱様筋、半膜様筋、大腿二頭筋）

ランニング・フォーカス

　本章前半の説明でも述べたとおり、臀筋の弱いランナー、もしくは臀筋の発火パターンに問題があるランナーは、ほかの筋肉が臀筋の役割を代わりに担わなければならない。理想を言えば、長距離ランナーでも臀筋（大腿四頭筋ではない）が下半身の筋力の動力源としての役割を果たすべきである。しかし、このエクササイズは自重のみを用いるので、基本的には筋の発火を促す。言い換えれば、筋力の発達は二次的だということである。したがってブリッジ系のエクササイズは、筋力の強化に焦点を置くスクワット系のエクササイズ（第5章）で補完してもよい。（訳者注：発火とは脳からの運動指令を伝える神経活動で、一時的に神経細胞内の電位が高くなる現象を指す。）

バリエーション

ウエイトを使ったワンレッグブリッジ

Weighted Bridge With Leg Kick

　両脚を曲げたブリッジのポジションをとる。両脚の大腿上部の前面（股関節前面）にそれぞれダンベルを1つずつ置く。通常と同じようにエクササイズを行う。ダンベルによって負荷が増える。

スライディングレッグカール
SLIDING LEG CURL

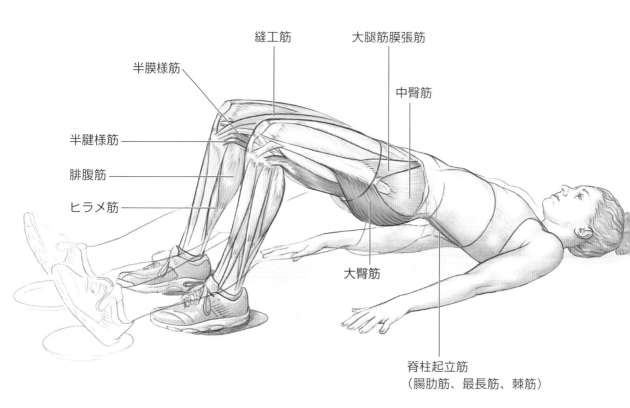

半膜様筋

縫工筋

大腿筋膜張筋

中臀筋

半腱様筋

腓腹筋

ヒラメ筋

大臀筋

脊柱起立筋
（腸肋筋、最長筋、棘筋）

エクササイズ

1. 凹凸のないつるつるとした床に仰向けに寝て両膝を立てる。両足は肩幅よりも若干狭く開き、それぞれの足の下にスライディングディスクを敷く。

2. 首から膝までが1つの面になるように、腰をできるだけ高く上げる。

3. 両足でディスクを滑らせ両脚を伸ばす。そうすると仰向けの姿勢になる。

4. 全身が伸び切ったら直ちにディスクに乗せた足を引き戻す。それと同時に腰を最初と同じブリッジのポジションに戻す。

安全に行うために

両肩と頭は床につけたままにすること。

動員される筋肉

主動筋：ハムストリングス（半腱様筋、半膜様筋、大腿二頭筋）、
　　　　大臀筋、脊柱起立筋（腸肋筋、最長筋、棘筋）

補助筋：長内転筋、大内転筋、中臀筋、小臀筋、大腿筋膜張筋、縫工筋、腓腹筋

ランニング・フォーカス

　スライディングレッグカールは、後面の連鎖する筋肉のためのエクササイズであり、膝と股関節の両方の屈曲を重視する（ハムストリングスカールはこれとは対照的に膝の屈曲だけを働かせる）。このエクササイズがほかの機能性に劣るハムストリングスのエクササイズよりもよい理由は、体幹の安定が求められるためである。このエクササイズで最終的にとる姿勢は完全伸展である。これはランニング中の身体のポジションを再現している。

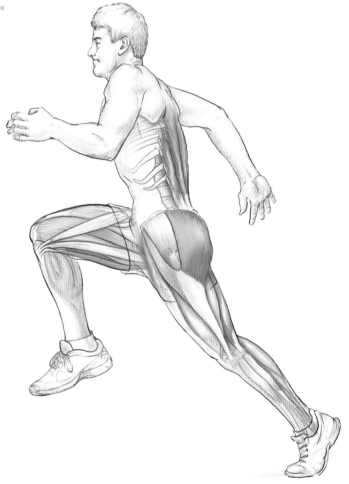

ランバー・ハイパーエクステンション・オルタネーティングアーム&レッグレイズ
LUMBAR HYPEREXTENSION WITH ALTERNATING ARM AND LEG RAISES

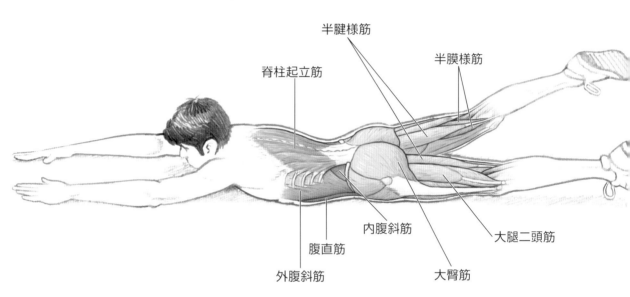

半腱様筋

半膜様筋

脊柱起立筋

内腹斜筋

腹直筋

外腹斜筋

大臀筋

大腿二頭筋

ポイント

- このエクササイズはローマンチェア（訳者注：筋力トレーニング用具。バックエクステンションに使う）でもできる。ローマンチェアだと重力によって抵抗を増やすことができる。もちろん、ローマンチェアは必要なときに、なかなか見つかるものではないので、床で行ってもよい。それでも効果的である。
- 動作のすべてを臀筋と腰の筋肉で起こす。

エクササイズ

1. うつ伏せに寝て腕と脚を伸ばす。身体を真っすぐにピンとさせる。
2. 左腕と右脚を床から8〜10㎝離し、10〜15秒その姿勢を維持する。この間、呼吸は止めない。
3. 左腕と右脚を下ろすと同時に、右腕と左脚を上げる。

安全に行うために

このエクササイズを行うには、背部の過伸展が必要である。たいていの場合はそれでも問題はないが、慢性の腰痛や椎間板症のあるランナーはプレスアップ（訳者注：腕立て伏せ）のほうが安全である。

動員される筋肉

主動筋：脊柱起立筋（腸肋筋、最長筋、棘筋）、大臀筋

補助筋：ハムストリングス（半腱様筋、半膜様筋、大腿二頭筋、腹直筋、外腹斜筋、内腹斜筋

ランニング・フォーカス

　ランバー・ハイパーエクステンションを行う方法はたくさんあるが、その目的は同じである。つまり、腰・臀筋の筋肉を伸ばすと同時に強化もすることである。また、腹部も腰や臀部ほどではないが、伸ばしながら強化して、ランニング中に骨盤の傾きを適正に保てるようにする。骨盤のアライメント異常は、アライメント異常の連鎖反応を生み、その結果としてランニングフォームが乱れ、エネルギーを無駄にする。このような落とし穴を避けるには、背部、腹部、臀部の筋肉が協働するだけでなく、運動を行うのに十分な筋力を生みつつも互いのバランスをとらなければならない。このエクササイズの動きはランニング中の体幹の動きにきわめて近い。ランニング中、骨盤は回転し捻れるため、地形の変化や方向転換、つまずきへの反応といった動的な対応による安定が、体幹には必要なのである。

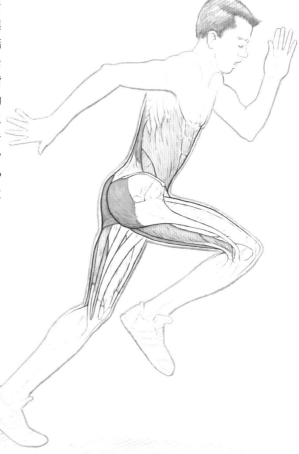

プランク
PLANK

ポイント
してはいけないこと：
背中をアーチ状にする、腰を落とす、
あごを上げる、あごを落とす。

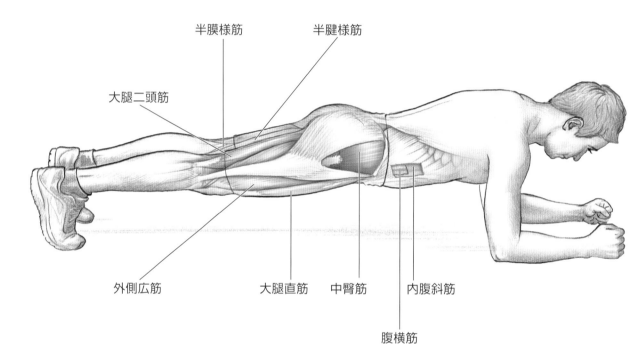

半膜様筋 半腱様筋

大腿二頭筋

外側広筋 大腿直筋 中臀筋 内腹斜筋

腹横筋

エクササイズ

1. 腕立て伏せの状態からスタートする。
2. 体重が両肘、前腕（手ではない）、にかかるまで上体を下げていく。
3. 肩から足首までが平らな一面にならなければならない。
4. 腹筋を収縮させ、へそを背骨に向かって引き込む。

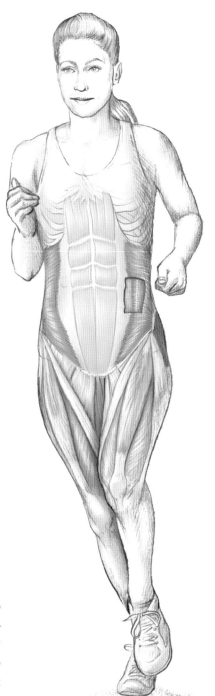

動員される筋肉

主動筋：腹横筋、中臀筋、小臀筋、内腹斜筋

補助筋：大腿四頭筋（大腿直筋、外側広筋、内側広筋、中間広筋）

ハムストリングス（半腱様筋、半膜様筋、大腿二頭筋）

ランニング・フォーカス

　プランクはアイソメトリック、つまり筋肉の長さや関節角度が変化しないエクササイズである。しかし、筋収縮を維持するだけで（肩から足首までが1つの面となったポジションを体幹の筋肉が維持するだけで）筋力が得られる。体幹の筋力についてはこれまでずっと、ランナーにもたらすプラスの効果が叫ばれ続けてきたが、それにはしかるべき理由があるのだ。体幹の重要性についてはどう言っても大げさにはならない。プランクを行う最終的な目標は、疲労しても身体を適切な姿勢を保つことにある。それは腰から折れ曲がった姿勢ではなく、筒状になった胴体が足首を支点にしてわずかに前傾している姿勢である。

バリエーション

シングルレッグプランク
Single-Leg Plank

　シングルレッグプランクの最初の姿勢は通常のプランクと同じである。プランクのポジションがとれたら、一方の脚を徐々に臀部・背中・頭と同じ高さまで上げ、その姿勢を15〜30秒維持する。上げた脚を下したら反対の脚で繰り返す。このバリエーションでは、床についたままのつま先に、かなりの圧力がかかることもある。身体を完全な面にするには体幹を使って身体のポジションを調整する。

マシンを使ったヒップアブダクター
MACHINE HIP ABDUCTOR

ポイント

・動作中は一貫して一定の力を使い、スムーズな動きにすること。

・マシンの背もたれの角度を直立に近づけるほど、中臀筋が重点的に強化される。

・広げ過ぎないようにする。脚を無理やり外側に開かず股関節が自然に開く範囲にとどめる。ターゲットとなる臀部の筋肉のみを使って両脚を開くことに集中する。

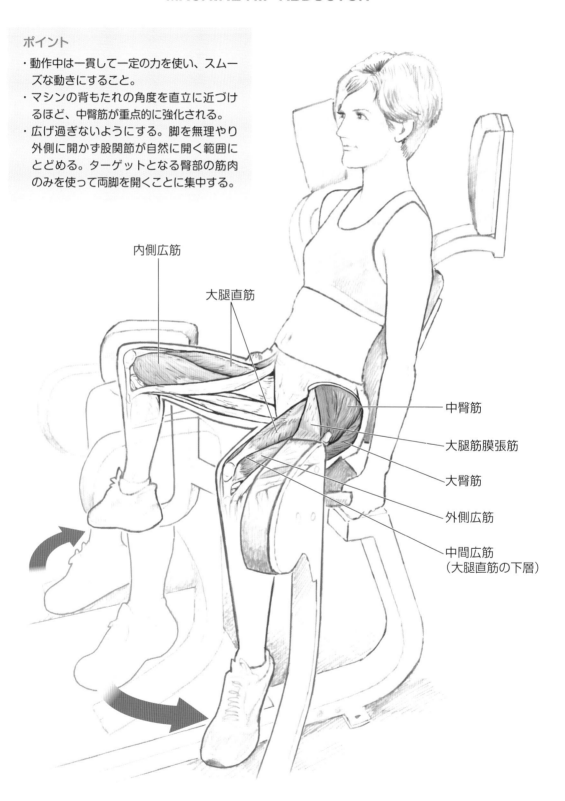

内側広筋

大腿直筋

中臀筋

大腿筋膜張筋

大臀筋

外側広筋

中間広筋
（大腿直筋の下層）

エクササイズ

1. 正しい位置に座る。マシンのパッドが両膝の外側にくる位置である。
2. 外転筋（脚の外側）を使って外側に押す。可動域をフルに使うことに重点を置く。
3. ウエイトに抵抗しながら、徐々に最初の位置に戻る。

動員される筋肉

主動筋：中臀筋（ちゅうでんきん）、大臀筋（だいでんきん）

補助筋：大腿筋膜張筋（だいたいきんまくちょうきん）、大腿四頭筋（だいたいしとうきん）（大腿直筋（だいたいちょっきん）、外側広筋（がいそくこうきん）、内側広筋（ないそくこうきん）、中間広筋（ちゅうかんこうきん））

ランニング・フォーカス

　外転筋（アブダクター）のエクササイズは、内転筋（アダクター）と同じ練習のなかで行うことができる。同じマシンのパッドの向きを変えるだけなので簡単だが、アブダクターは臀筋を重視するので、臀筋や腰のエクササイズと一緒にするほうがよい。多くのランナー、特に回内しないランナーには、競技キャリアのどこかで、梨状筋の痛みを訴えるときがくる。梨状筋はその位置ゆえにストレッチをすることが難しいが、梨状筋につながる中臀筋のストレッチ・強化をアブダクション（外転）のエクササイズで行うことが、梨状筋の痛みや坐骨神経痛の予防・治療の力になる。

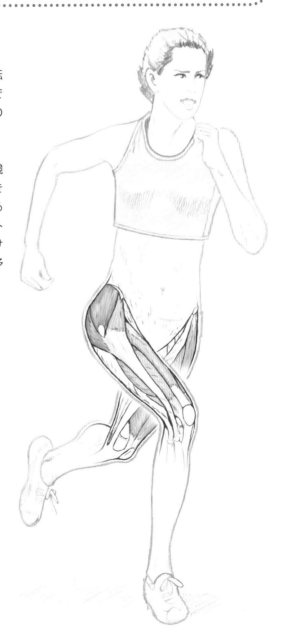

フロア・シットアップ
FLOOR SIT-UP

ポイント
シットアップはパートナーに足元を
押さえてもらってもよい。そのほう
がやりやすく、回数も多くこなせる。

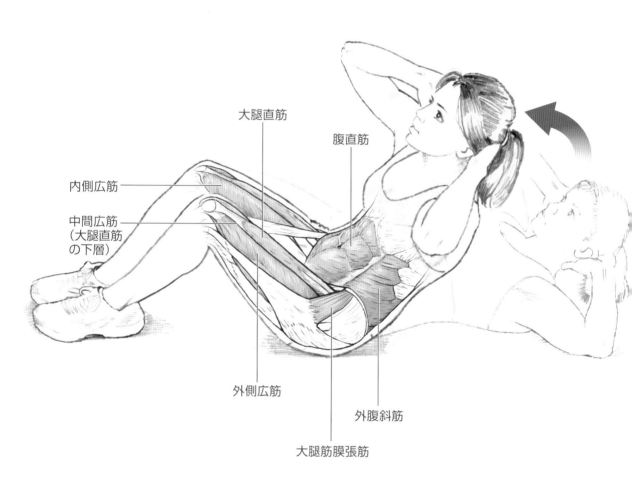

大腿直筋

腹直筋

内側広筋

中間広筋
（大腿直筋
の下層）

外側広筋

外腹斜筋

大腿筋膜張筋

エクササイズ

1. 仰向けに寝て両膝を立てる。足裏は床に押し付け、両手は頭の後ろに軽く添えるだけで、組まないようにする。

2. 椎骨を1つずつ床から離して背中を丸めながら胴体を起こす。その間、骨盤は床に押しつけたままである。胴体を起こすのは45°だけでよい。その後、背中を床に向かって下ろしていく。

3. 息を吸い、椎骨を1つずつ床につけていきながら徐々胴体を床に向かって下ろしていく。

安全に行うために

頭の後ろの手は組まない。組むとどうしても腕の筋力で頭と胴体を起こしてしまう。両手は頭の後ろに軽く添えるだけにする。

動員される筋肉

主動筋：腸腰筋（ちょうようきん）

補助筋：腹直筋（ふくちょくきん）、大腿四頭筋（だいたいしとうきん）（大腿直筋（だいたいちょっきん）、外側広筋（がいそくこうきん）、内側広筋（ないそくこうきん）、中間広筋（ちゅうかんこうきん））、大腿筋膜張筋（だいたいきんまくちょうきん）

ランニング・フォーカス

　大腿四頭筋とハムストリングスは互いに拮抗しているため、腹部の筋肉と腰の筋肉も同様に拮抗している。筋力の不均衡と、ケガのリスクを回避するためには、本章の前半で紹介した腰のエクササイズのあとに、腹部のエクササイズを行うようにする。シットアップはスピードを重視して行うエクササイズではないが、比較的速くスムーズな動きで胴体を起こす。反対に、胴体を下ろすときには、腹部が働いているのを意識しながらゆっくりと行う。

　シットアップの動作の主動筋は腸腰筋（図6-2参照）である。腸腰筋は脚と腰［胴体のいちばん下と、脚（下肢）のいちばん上］を連結している。クランチはその点、シットアップとは対照的である。腰を床から離す動きがなく、ターゲットとする筋肉は腹部の筋肉に限られる。そのためシットアップで腰痛が悪化しかねないランナーにはクランチのほうがよい。腰の専門家のほとんどは、腹部のエクササイズとしてクランチのほうを勧めている。なぜなら、クランチは腸腰筋、腹直筋、大腿筋膜張筋といった、ランニングによく使われる筋肉を動員しないからである。

　ランニング動作には、適切な骨盤の動きが不可欠である。骨盤のアライメント異常は、腹部と腰部の筋力の不均衡から起きるものだと考えられるが、ケガを引き起こす可能性があり、そうなれば心胸郭系の体力に優れていても、ランニング・パフォーマンスは妨げられてしまう。

バリエーション

クランチ
Crunch

　仰向けに寝て両膝を立てる。両手は胸の前で交差させるか、頭の後ろに軽く添える。初めに肩を骨盤に向かって丸める。腰は床につけたままにする。このエクササイズを最大限に活かすには、胴体を関節ごとに丸めつつ腰はしっかりと床につけておく。このクランチは、腹直筋と腹斜筋に働きかける。

オブリーク・ツイスト
Oblique Twist

　シットアップのバリエーションとしては簡単で、腹斜筋を使って行う腹筋運動である。一方の肘を反対側の股関節につけるつもりで胴体をひねる。1回ごと左右交互に行ってもよいし、一方だけで12回行ってから反対で行ってもよい。

ハンギング・レッグレイズ
HANGING LEG RAISE

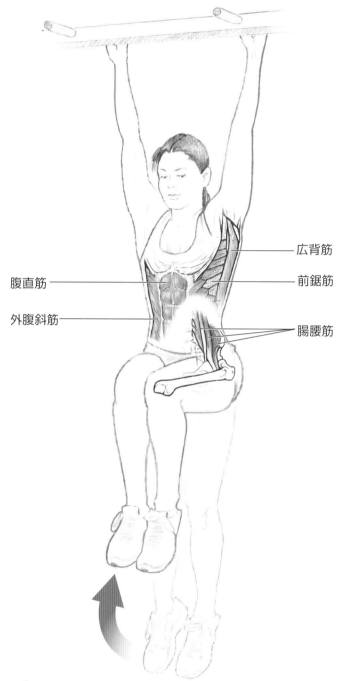

広背筋

前鋸筋

腹直筋

外腹斜筋

腸腰筋

エクササイズ

1. プルアップバーを順手で握ってぶら下がる。身体が伸びていることが重要である。重力が脊椎にかかっているのを感じる。

2. コントロールされた動きで両膝を胸に向かって引き上げる。胴体が揺れないようにする。

3. 徐々に身体を完全に伸ばした状態に戻し、繰り返す。

安全に行うために
このエクササイズでは、肩に大きな負担がかかるので、肩の具合が悪くなったら、回数を抑える。

動員される筋肉

主動筋：腹直筋（ふくちょくきん）、外腹斜筋（がいふくしゃきん）、腸腰筋（ちょうようきん）

補助筋：広背筋（こうはいきん）、前鋸筋（ぜんきょきん）

ランニング・フォーカス

　股関節屈筋、なかでも腸腰筋は、ロング走や終始地形に変化のないレースでは、著しく疲労する。ほとんど地形が変化しないコースでは、ランニングが持つ反復性という特徴が強まり、比較的小さな筋肉は早く疲労する。しかし腸腰筋などの股関節屈筋を強化することで、疲労の発生を遅らせることができる。アップダウンの多い地形では、引き上げる動作ばかりが一貫して求められるため、弱い筋肉はさらに早く疲労し、足元をしっかりさせるのが難しくなる。

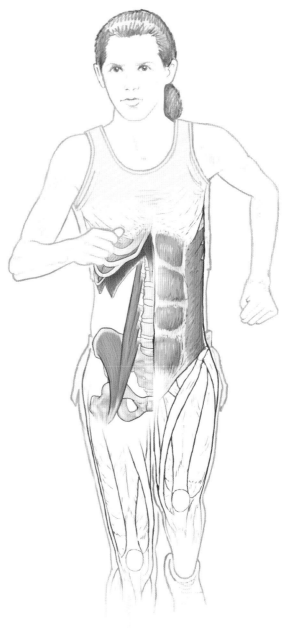

バリエーション

ハンギング・レッグレイズ・ツイスト
Hanging Leg Raise With Twist

　スタンダードなハンギング・レッグレイズは外腹斜筋と内腹斜筋を働かせるが、横へのひねりを加えると、回旋と側屈を担うこれらの腹筋の役目が増える。本章の前半の説明でも述べたとおり、腹斜筋がひねる動作を助けることで地形への適応が可能になるが、横隔膜や肋骨と協働して呼吸を補助するという働きが、それに加わるのである。

シングルレッグ・V アップ
SINGLE-LEG V-UP

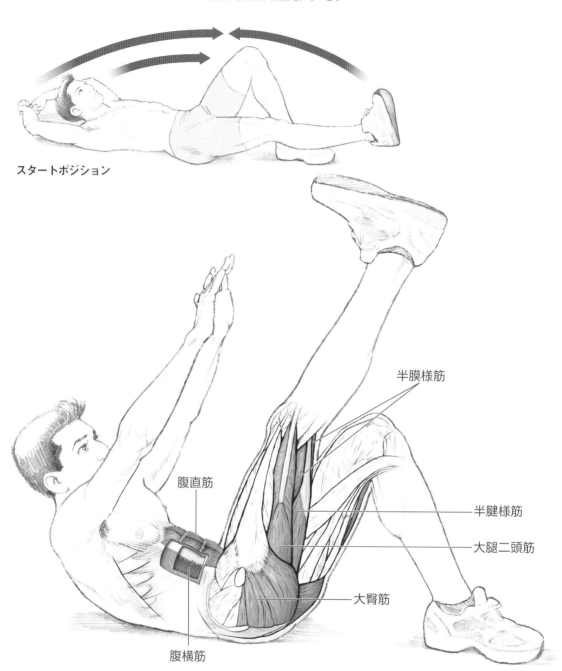

スタートポジション

半膜様筋

腹直筋

半腱様筋

大腿二頭筋

大臀筋

腹横筋

エクササイズ

1. 仰向けに寝て両腕を頭の後方に伸ばす。一方の膝を立て、他方の脚を床から約15㎝離す。
2. 腹筋を使いつつ、あごと胸からシットアップのように上体を起こす。それと同時に床から離した脚を上げて、いちばん高く上げたところで手と向い合せる。
3. 身体を倒して最初の姿勢に戻る。繰り返し反対の脚で行う。

動員される筋肉

主動筋：腹直筋、腹横筋、腸腰筋

補助筋：ハムストリングス（半腱様筋、半膜様筋、大腿二頭筋）、大臀筋

ランニング・フォーカス

このエクササイズは動作が大きく腹筋と腸腰筋が
早くに疲労する。上半身と下半身を使うので、本章で
紹介したほかのエクササイズに比べ、全身運動の要素
が強く、ランニング動作にきわめて近い。このエクサ
サイズやメディシンボールを使ったバリエーション
で追い込めば、特に筋力トレーニングの最後の種目と
して行ったときには、腹部全体の練習になる。

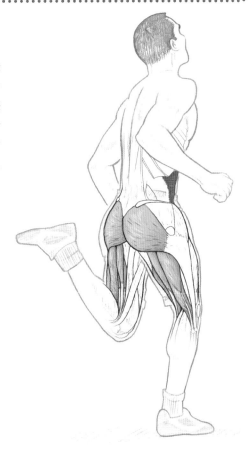

バリエーション

メディシンボールを使ったシングルレッグ・Vアップ
Single-Leg V-Up With Medicine Ball

メディシンボールを使ってこのエ
クササイズを行うと重量が加わるた
め、腹筋をさらに激しく働かせるこ
とができる。2kgのボールでさえ
も重いと感じる。なぜならボールを
腹部から離して持つため、てこの原
理が働くからである。さらに、重さ
が加わった状態で動作を協調させよ
うとすると、協調能力の強化が促進
される。このスキルは単に前方に走
る動作では得られないものである。

肩と腕

　ニュージーランドのサー・マレー・ハルバーグは、陸上競技を始める前に、ほかの競技で片腕が不自由になったにもかかわらず、オリンピックで5,000mを制した。このことからわかるように、腕をなくした人であっても、走る能力にはなんら問題はない。実際、その能力の高い人も多い。しかし、腕は通常、スムーズなランニング動作のために重要な役目を果たしてもいる。細かく言えば、それぞれの腕はランナーのバランスに寄与するだけでなく、地面を蹴り出す反対側の脚と拮抗して働くことで、前方に進む動作を助ける。この力の作用を体験するには、右手と右脚を同時に前に出してみるとよい。不自然に感じればいいほうで、最悪の場合は転んでしまう。もう1つ、よくわかるようにスプリンターの例を挙げる。スプリンターがスターティングブロックから飛び出すのをよく見ると、最初の十数歩は膝を高く上げるとともに、反対側の腕の動きも大きくしている。そして残りの距離も、両腕は引き続き力強く振られている。

　しかし長距離ランナーであれば、貴重なエネルギーを消耗してしまうため、このような腕振りはしないだろう。長距離ランナーの走りは運動努力の経済性を最優先するからである。彼らは両腕をだらりと下げ、たいてい肘を90°程度に曲げて、手首から先はリラックスさせる。これとは対照的に、スプリンターは指をピンと立てながら一歩一歩突き進む。このように、種目によって使い方に明らかな違いはあるものの、腕はランニングで結果を出すために、きわめて重要な役割を果たす。

　腕が身体に連結している場所、つまり肩関節は浅い球関節（ボール−ソケット）である。これにより、可動域は最大360°近くにも及ぶ。動かしやすさの代償として、不安定な関節がダメージを受けやすいということはあるが、この構造は非常に効果的である。具体的に言えば、骨性の肩の構成要素を保持する靭帯は、動作しやすくなるのと引き換えに、比較的強い弾性を持たなければならない。よって、関節の安定性はそれを支える筋力の強さにかかっている、ということである。

ニュートン力学の第3法則を思い出すとわかりやすいだろう。すべての作用は、その作用と同じ値かつ反対方向の作用を伴う、という法則だ。この場合、筋肉が収縮して肩をある方向に引っ張ろうとすると、それを可能にするために単一または複数の筋肉が伸張しなければならない。

もう1つの重要なファクターは、筋肉のバランスである。一般的に言って、強くて張力の高い筋肉に拮抗する筋肉が、弱くて発達していなければ関節は分離することが多い。肩ほどこれが当てはまる関節はない。

肩関節のボール、上腕骨の上端は、浅い関節唇^{かんせつしん}や関節窩^{かんせつか}の内部に位置している。関節窩自体は胸郭^{きょうかく}上部の後方を囲む肩甲骨の一部である。ランナーにとっては、上腕骨頭（図7-1）の位置を保持する筋肉はどれかということ、そしてどの筋肉を強化すればランニング動作が向上するのかということを知っていれば、役に立つだろう。

脚が大きなストライドで走るとき、腕は脚の動きとのバランスをとるために、脚の動作と同様に大きく前後に動かなければならない。それだけではなく、腕と肩は特にスプリント種目において、身体を推進させるのに大きな役目を果たす。勝負に敗れるスプリンターは、得てして肩をいからせながら後れをとっている。疲れた腕といからせた肩では流れるような腕の動きにはならず、貴重なエネルギー

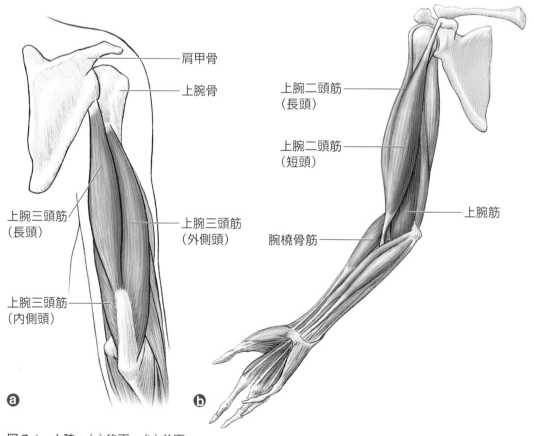

図7-1　上腕：(a) 後面　(b) 前面

肩甲骨

上腕骨

上腕二頭筋
（長頭）

上腕二頭筋
（短頭）

上腕筋

腕橈骨筋

上腕三頭筋
（長頭）

上腕三頭筋
（外側頭）

上腕三頭筋
（内側頭）

ⓐ

ⓑ

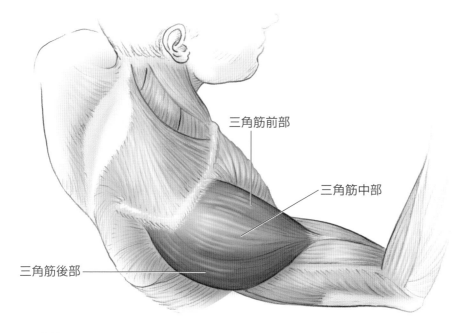

図7-2　三角筋

を消耗する。成功か、終生続く落胆か。その分かれ目となる0コンマ何秒の差を、筋力トレーニングによって鍛えられた上肢の持久力が生むこともある。そうした理由から、本章で紹介するエクササイズは、下肢のエクササイズと同様に重要なのである。

　肩の最も外側の層は三角筋（さんかくきん）から成る（**図7-2**）。三角筋は鎖骨と肩甲骨上端の一部分から起始して関節全体を覆っている。そして上腕骨の中部に停止する。三角筋が収縮すると、この停止部で腕が側方に引っ張られ外転する。よって、これは重力に反した動作である。三角筋の下層にある筋肉は、ほとんどの面での動きが可能になるように進化し、複雑な配列になった。この能力はランナーにとってはほとんど意味を持たない。ランナーの腕は前後に45°だけ動けばよく、横方向に動かすことはまずないからである。したがって、これらの筋肉には弾性よりも強さが求められるのである。

　腕は複雑に絡み合った網状の構造体によって肩につながれている。具体的には、棘上筋（きょくじょうきん）が上腕骨頭を押さえている。その傍ら、棘下筋（きょっかきん）、肩甲下筋（けんこうかきん）、大円筋（だいえんきん）、小円筋（しょうえんきん）がそれぞれ連結して肩を安定させている（**図7-3**）。

　肩の下方には、上腕二頭筋、上腕三頭筋、上腕筋がある。これらの主な機能は肘関節（ちゅうかんせつ）を動かすことだが、一部の筋線維は肩の周囲に付着し、それが肩の安定性を高めている。

　さらにその下には、前腕の伸筋と屈筋があり（**図7-4**）、手首を内旋および外旋させ、手首と手指を動かしている。屈筋はこれらの関節を内側に曲げ、伸筋は外側に開かせる。ランナーはこの部位の構造を詳しく知っている必要はないが、筋力と柔軟性は欠かせない。そしてそれを促進するエクササイズは特に、ランニングのスピードを上げるために重要である。

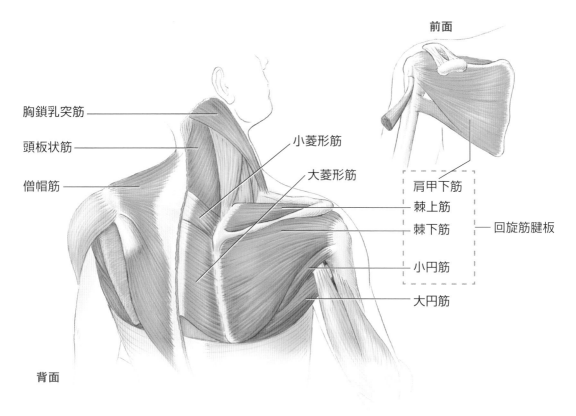

前面

胸鎖乳突筋

頭板状筋

僧帽筋

小菱形筋

大菱形筋

肩甲下筋
棘上筋
棘下筋　　回旋筋腱板
小円筋
大円筋

背面

図 7-3　肩甲骨の筋肉と回旋筋腱板

　繰り返しになるが、どこの筋肉が弱くても走るスピードは落ちる。つまり、特にスプリント種目では、腕に脚と同等の持久力が必要だということである。なぜスプリンターの上肢の形状はボクサーと違うのか。その理由は、この必要性によって説明がつく。人間は進化により、走るときに腕を使うようになった。初めは身体を安定させるため、そして次に、それぞれの脚が動いているときに直立姿勢を保つためである。障害走の選手の動きをスローモーションで観察すると、両腕の力を借りて、踏み切り・クリアランス・着地の準備をしていることがよくわかる。力強い上肢は、疾走するためのフルパワーを生む助けになるだけでなく、肩をリラックスさせる働きもある。肩がこわばっていると、ランナーはどうしてもスピードダウンする。要するに、スプリンターにとっては腕を動かさないと、本来のスピードに達するのがきわめて難しい、ということである。

　結局のところ、ランニングの動作に腕が関与しないと、脚は最大の効率で走ることができない。腕が疲労すると、ストライド長もストライド頻度も落ち、スピードダウンする。よって、強い脚でゴールに向かって加速して行きたくても、そのために上肢を鍛えていなければ、それは不可能なのである。

部位別トレーニング・ガイドライン

　腕を使ったエクササイズを行えば、腕は鍛えられる。エクササイズ中にウエイトを持つという簡単な動作だけでも、一種のアイソメトリック・トレーニングになる。ランナーが特に腕のエクササイズを行おうとする場合、たいていが上腕二頭筋に偏る。そこで本書では、腕の筋力バランスをとるため

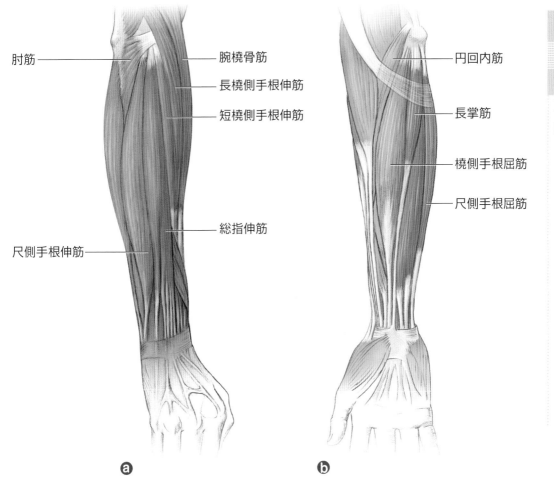

肘筋

腕橈骨筋

長橈側手根伸筋

短橈側手根伸筋

総指伸筋

尺側手根伸筋

円回内筋

長掌筋

橈側手根屈筋

尺側手根屈筋

ⓐ ⓑ

図7-4　前腕：(a) 後面　(b) 前面

に、上腕三頭筋を重視している。上腕二頭筋と上腕三頭筋のエクササイズは、両方とも比較的小さな抵抗で行ってよい。長距離ランナーにとって、腕は急激なパワーを生むためのものではなく、ロング走やレースの後半でも一定して振れていなければならないものである。そのため、長距離ランナーは比較的高回数（18 ～ 24 回）を行うことにエクササイズの主眼を置くべきである。これは筋持久力を促進するためだ。反対に、スプリンターや中距離のランナーは、重いウエイト4 ～ 6回行えば筋力の養成としては十分である。

　上腕二頭筋のエクササイズを行うときは、背中は真っすぐに伸ばしたままにする。ウエイトを上げるために揺らせてはならない。ウエイトは巻き上げるスムーズな動作を妨げないものを選ぶ。最初は重めのものよりも軽めのものにすること。また、肘の位置は胴体の近くで固定させる。これは肩ではなく、上腕二頭筋を主に働かせるためである。

　腕のトレーニングは、たとえば次のような順番でエクササイズを行うとよい：バーベルカール（ナローグリップ）、ダブルアーム・ダンベルキックバック、リバース・リストカール。

ダンベルを使ったオルタネーティング・スタンディング・バイセプスカール
ALTERNATING STANDING BICEPS CURL WITH DUMBBELLS

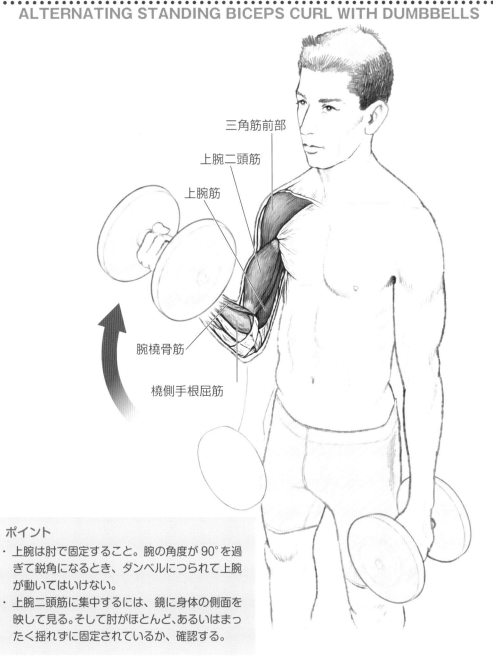

三角筋前部

上腕二頭筋

上腕筋

腕橈骨筋

橈側手根屈筋

ポイント
・ 上腕は肘で固定すること。腕の角度が90°を過ぎて鋭角になるとき、ダンベルにつられて上腕が動いてはいけない。
・ 上腕二頭筋に集中するには、鏡に身体の側面を映して見る。そして肘がほとんど、あるいはまったく揺れずに固定されているか、確認する。

エクササイズ

1. 両足を肩幅に開いて立つ。両膝はわずかに曲げる。両手にそれぞれダンベルを持ち、腕を肩から真っすぐ下ろす。手のひらは内側に向ける。

2. 一方の腕でダンベルを巻き上げる。1回の動作でスムーズに、全可動域を使って行う。意識は、手ではなく、上腕二頭筋を使うことに集中させる。

3. ゆっくりとした流れるような動きで、ダンベルを下ろす。最初の姿勢に戻るときに腕が伸びるのを感じる。同じ動作を他方の腕で行う。

116

安全に行うために

このシンプルなエクササイズは、ウエイトが重すぎると正しく行えないことがある。ウエイトの理想的な重さは、毎回毎セット一貫して抵抗を与えられるような重さであると同時に、フォームが崩れない重さである。正しいフォームを保つには、上背部の筋肉を使って振り上げずに、動作を上腕二頭筋主動で行うこと。

動員される筋肉

主動筋：上腕二頭筋、上腕筋、三角筋前部
補助筋：腕橈骨筋、橈側手根屈筋

ランニング・フォーカス

　ランナーには上腕二頭筋を鍛える必要があると言ったら、奇妙に思うかもしれない。実際、長距離ランナーは腕も脚も細いため、貧相に見える。しかし、それは長距離ランナーの上腕二頭筋が弱いということではない。筋力をつけることと、太くすることは違う。筋力向上の刺激として十分な抵抗を使い、エクササイズを消耗の激しいランニングプログラムに組み入れ比較的高回数行えば、太くすることなく、機能的な筋持久力にすることができる。これは長距離ランナーにとって必要不可欠である。なぜなら長距離ランナーの腕は、苦しい練習やレースのあいだでも疲労することなく、左右のバランスをとり、脚の動きと拮抗しなければならないからである。よって最も重要なのは、筋持久力である。このエクササイズを、12〜18回を1セットとし、何セットか行うことで、その何割かは強化することができる。

バリエーション

バーベルカール
（ノーマルグリップ、ナローグリップ、ワイドグリップ）
Barbell Curl With Variable-Width Grip

　バーベルカールは肩幅でバーベルをつかむノーマルグリップのほか、より狭いナローグリップ、広いワイドグリップで行ってもよい。ナローグリップでは、ほかのグリップよりも上腕二頭筋が使われ、ワイドグリップでは三角筋前部（肩を包む大きな筋肉）が使われる。この３つのグリップにはすべて特長があるので、それぞれのグリップで１セットずつ行えば、たった１つのエクササイズだけで、上腕二頭筋の完全なトレーニングとなる。

ダンベルを使ったオルタネーティング・スタンディング・ハンマーカール
ALTERNATING STANDING HAMMER CURL WITH DUMBBELLS

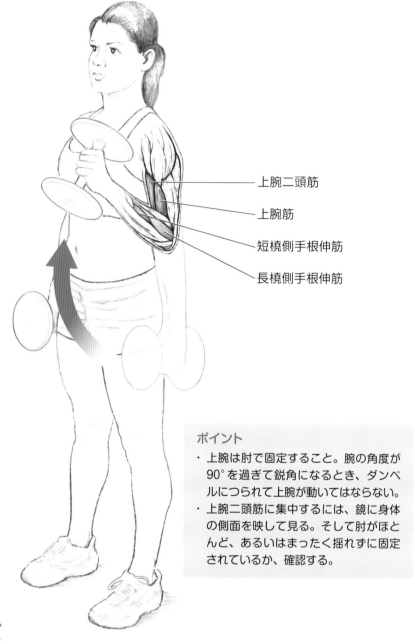

上腕二頭筋

上腕筋

短橈側手根伸筋

長橈側手根伸筋

ポイント
- 上腕は肘で固定すること。腕の角度が90°を過ぎて鋭角になるとき、ダンベルにつられて上腕が動いてはならない。
- 上腕二頭筋に集中するには、鏡に身体の側面を映して見る。そして肘がほとんど、あるいはまったく揺れずに固定されているか、確認する。

エクササイズ

1. 両足を肩幅に開いて立つ。両手にそれぞれダンベルを持ち、腕を肩から真っすぐ下ろす。手のひらは内側に向ける。

2. 一方の腕でダンベルを肩に付くまで巻き上げる。1回の動作でスムーズに、全可動域を使って行う。意識は手ではなく、上腕二頭筋を使うことに集中させる。上腕は肘で固定し、腕の角度が90°を過ぎて鋭角になるとき、ダンベルにつられて上腕が動いてはならない。

3. ゆっくりとした流れるような動きで、ダンベルを下ろす。最初の姿勢に戻るときに腕が伸びるのを感じる。同じ動作を他方の腕で行う。

安全に行うために

ウエイトを振り上げない。上腕二頭筋を収縮させることに意識を集中させる。

動員される筋肉

主動筋：上腕二頭筋、上腕筋

補助筋：上腕三頭筋、短橈側手根伸筋、長橈側手根伸筋

ランニング・フォーカス

やり方はバイセプスカールに似ている。違うのは手のポジションだけである。ハンマーカールは上腕二頭筋の筋力を強化するほか、上腕筋も、上腕二頭筋ほどではないが、強化する。1回の筋力トレーニングのなかで、ハンマーカールを上腕二頭筋のセットの最後に行うと、疲労を引き起こすエクササイズとなる。これには全動作範囲にわたって抵抗がかかるため、関節の柔軟性促進にもなる。

走行時間が比較的短く強度の高いレースのあとに上腕二頭筋が筋肉痛になる、とランナーが訴えてくることは珍しくない。こうしたレースで腕を動かす力が増すと、上腕の筋肉にかかる負担も大きくなる。上腕二頭筋のエクササイズを行えば、このような疲労を寄せ付けず、トラックで練習する際も、セット間の回復時間を短縮することができる。

バリエーション

シーテッド・ダブルアーム・ハンマーカール
Seated Double-Arm Hammer Curl

フラットベンチの端に腰掛ける。両足裏は床につけて背中は真っすぐにする。両手にダンベルを持ち、手のひらを内側に向けて腕を下ろす。そこからハンマーカールの動作を両腕同時に行う。このエクササイズには両腕を協調させる動作があるため、両腕を交互に動かすときよりも若干早く疲労することがある。

ダンベルを使ったライイング・トライセプスエクステンション
DUMBBELL LYING TRICEPS EXTENSION

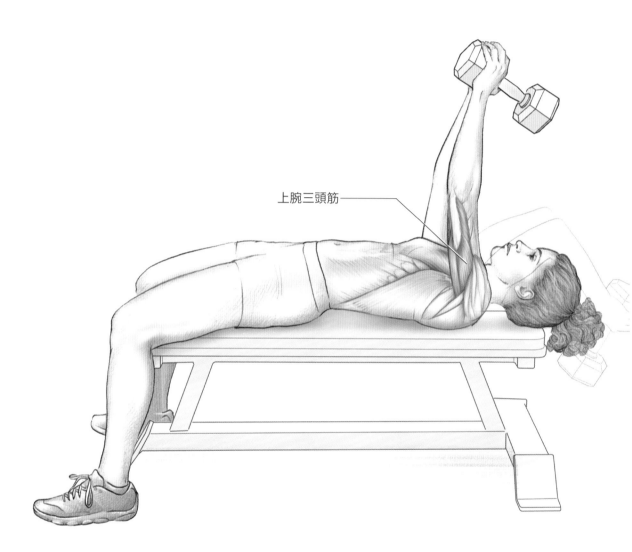

上腕三頭筋

エクササイズ

1. 足裏を床につけてフラットベンチに仰向けになる。胴体は安定させ、両腕を肩幅に離して頭上で90°曲げる。手のひらを内側に向け、適正な重さのウエイトを両手で持つ。

2. 前腕を完全に伸展させる。

3. ウエイトの重さに抵抗しながら、腕を最初の姿勢に戻す。

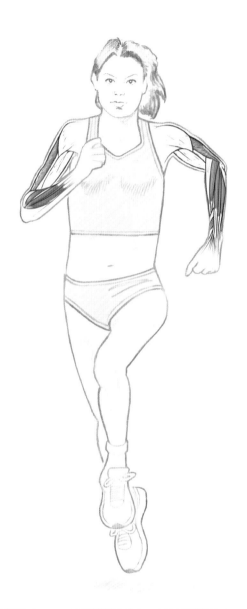

安全に行うために

ウエイトは補助者に持たせて、エクササイズを始めるまで支えてもらう。補助者がいない場合は、両腕を伸ばした姿勢から始める。そして遠心性の動作（下げる動作）を最初の動作として行う。

動員される筋肉

主動筋：上腕三頭筋<ruby>上腕三頭筋<rt>じょうわんさんとうきん</rt></ruby>

ランニング・フォーカス

　本章の前半では、ランニング中、身体のバランスと拮抗において、腕が重要な役割を果たしていることを中心に説明した。本項ではこの腕の必要性を念頭に置き、すでに紹介した上腕二頭筋のエクササイズとのバランスがとれるよう、上腕三頭筋のエクササイズを示した。こうしてバランスをとることにより、上腕の筋肉を発達させ、強化することができる。このエクササイズでは、前腕の筋肉は補助筋として使われる。動作が生じるのは肘関節だけであるが、その動作は上腕三頭筋の動員により誘発されるものである。

バリエーション

バーベルを使ったライイング・トライセプスエクステンション
Barbell Lying Triceps Extension

　ダンベルの代わりにバーベルを用い、ダンベルと同じやり方でエクササイズを行う。安全に関しては上記の注意事項を参照すること。

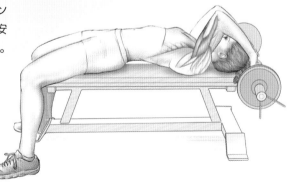

ベンチを使ったシングルアーム・ダンベルキックバック
SINGLE-ARM DUMBBELL KICKBACK WITH BENCH

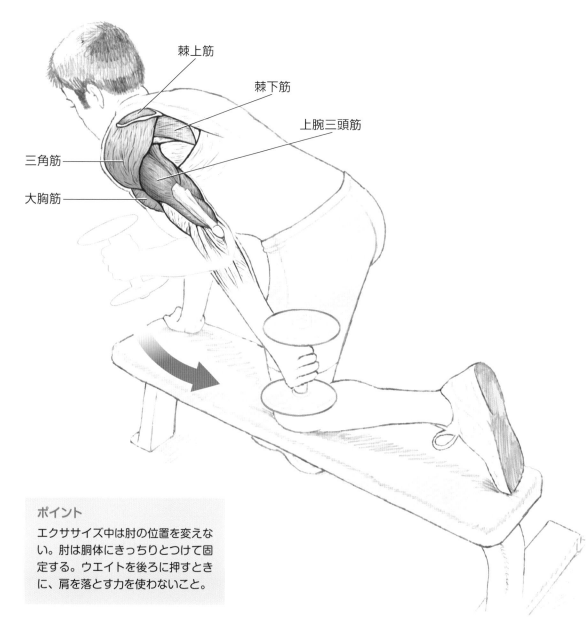

棘上筋

棘下筋

上腕三頭筋

三角筋

大胸筋

ポイント

エクササイズ中は肘の位置を変えない。肘は胴体にきっちりとつけて固定する。ウエイトを後ろに押すときに、肩を落とす力を使わないこと。

エクササイズ

1. フラットベンチに一方の膝をつく。背骨・胴体が頭と一直線上にある状態を保つ。ウエイトを持っていないほうの手はベンチにつき、安定した基盤を作る。ついた手の側の脚は真っすぐ伸ばし、足裏を床につける。ウエイトを持った手は手のひらを内側に向け、90°程度に曲げる。

2. 肘を支点にして前腕を後方に伸ばす。このとき上腕三頭筋を使い、ゆっくりスムーズな動作にする。肘は胴体に沿った位置かつ胴体より高くならない位置に固定する。動作中は息を吐く。

3. 腕を伸ばし切ったら、直ちにウエイトの重さを使い、90°の状態に戻る。この動作はウエイトの重量に軽く抵抗しながら行う。動作中は息を吸う。

動員される筋肉

主動筋：上腕三頭筋(じょうわんさんとうきん)

補助筋：棘下筋(きょくかきん)、棘上筋(きょくじょうきん)、三角筋(さんかくきん)、大胸筋(だいきょうきん)

ランニング・フォーカス

これは主に上腕三頭筋のエクササイズであるが、肩の筋肉である棘下筋や棘上筋も動員する。ランニング中の腕振りは肩から始まるため、このエクササイズで上腕三頭筋と肩を強化することにより、腕の疲労や姿勢の崩れという、エネルギーを奪いパフォーマンスを低下させる厄介者を追い払うことができる。

バリエーション

ダブルアーム・ダンベルキックバック
Double-Arm Dumbbell Kickback

両腕で行うバリエーションにはベンチが要らない。両足を肩幅に開いて直立し、胴体が水平に近くなるまで腰から前かがみになる。両手にそれぞれダンベルを持ち、腕を下ろす。そこからキックバックの動作を両腕同時に行う。このエクササイズではベンチを使ったシングルアーム・ダンベルキックバックと同じ筋肉を使うが、身体を安定させるため、腹部や腰部の体幹の筋肉も動員する。

マシンを使ったリバースプッシュダウン
MACHINE REVERSE PUSH-DOWN

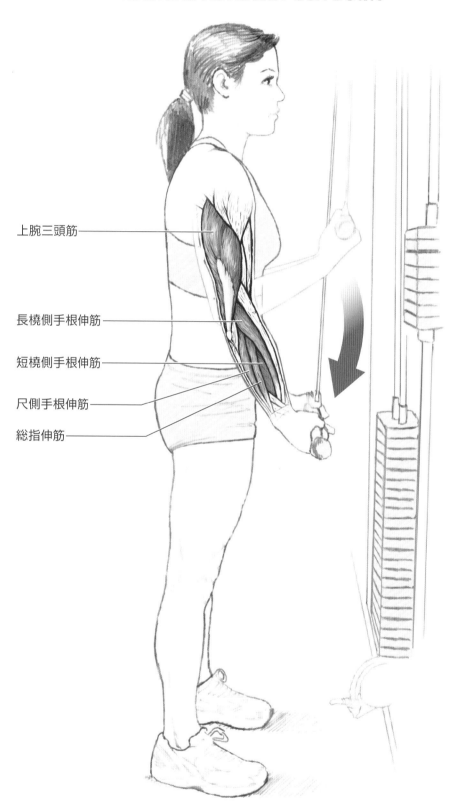

上腕三頭筋

長橈側手根伸筋

短橈側手根伸筋

尺側手根伸筋

総指伸筋

エクササイズ

1. 両足を肩幅より狭く開いて立つ。マシンのケーブル（マシンの滑車につながっている）についている短いストレートバーを、手のひらを上に向けて（つまり逆手で）つかむ。前腕は肘の位置から75°下に伸ばす。肘はエクササイズのあいだずっと両脇に固定したままにする。
2. 途切れないスムーズな動作で前腕を下に押し、完全に伸ばし切る。このとき肘は最初の胴体に近い位置に固定したままである。動作中は息を吐く。
3. ウエイトを、ケーブルに引っ張られる力に抵抗しながら、スムーズな動きで最初の位置に徐々に戻す。動作中は息を吸う。

動員される筋肉

主動筋：上腕二頭筋、長橈側手根伸筋、短橈側手根伸筋、尺側手根伸筋、総指伸筋
<small>じょうわんにとうきん　　　ちょうとうそくしゅこんしんきん　　たんとうそくしゅこんしんきん　　しゃくそくしゅこんしんきん　　そうししんきん</small>

ランニング・フォーカス

　リバースプッシュダウンは主に上腕三頭筋を使うが、逆手で行うため前腕の筋肉も使う。上腕三頭筋によって動作をコントロールするエクステンションやキックバックのエクササイズから、主に前腕を使うリストカールのエクササイズに移行する途中で行うには、最適である。上腕三頭筋と前腕の伸筋はエクササイズ中、すぐに疲労する。これは比較的短いレース（5～10km）と同じである。こういったレースでペースアップやラストスパートをするとき、腕を使うことが脚を前へと進める方法になるのである。

リストカール、リバース・リストカール
WRIST CURL AND REVERSE WRIST CURL

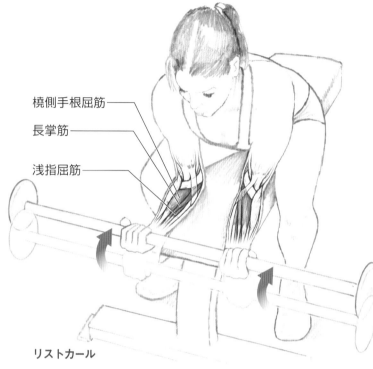

橈側手根屈筋

長掌筋

浅指屈筋

ポイント
・ 筋肉を完全に伸展させること
　に意識を集中させるが、バー
　ベルを急に落とさない。
・ 前腕をベンチに乗せにくい場
　合は、脚の上に乗せてもよい。

リストカール

長橈側手根伸筋

総指伸筋

リバース・リストカール

リストカールのエクササイズ

1. フラットベンチの上に腰掛け身体を前方に傾けて前腕で支える。伸ばした手首と手は、必ずベンチからはみ出ること。軽いウエイトをつけたバーベルを手のひらの上に乗せ、指は閉じてバーを軽く握る。
2. バーベルを上げる。前腕と手の筋肉のみを使う。これらの筋肉が十分に伸びるのを感じながら動かす。
3. バーベルを最初の位置まで徐々に戻す。そのときバーベルの重さに抵抗しながら下げていく。

リバース・リストカールのエクササイズ

1. フラットベンチの上に腰掛け身体を前方に傾けて前腕で支える。伸ばした手首と手は、必ずベンチからはみ出ること。手のひらは下に向ける。軽いウエイトをつけたバーベルを、手のひらと指でしっかりと握る。
2. バーベルを上げる。前腕と手の筋肉のみを使う。これらの筋肉が十分に伸びるのを感じながら動かす。
3. バーベルを最初の位置まで徐々に戻す。そのときバーベルの重さに抵抗しながら下げていく。

動員される筋肉

主動筋：橈側手根屈筋、長掌筋、浅指屈筋、長橈側手根伸筋、総指伸筋

ランニング・フォーカス

　以上のような伸筋と屈筋は、徐々に筋力トレーニングに取り入れていく。リストカールやリバース・リストカールで重点的に鍛えるのは、そのあとである。これらの筋肉はどうランニングに関わるのか？　4時間かけてマラソンを走るとき、それぞれの腕は、22,000回ずつ振ることになる。腕振りはもっと大きな肩の筋肉から始まるが、上腕と前腕も関わってくる。つまり、反対側の脚の動作に拮抗するため、それぞれ約90°の角度を維持しているのである。

　22,000回ずつ腕を振り、4時間（重力に逆らって）腕を持ち上げているあいだに、疲労は忍び寄ってくる。するとバイオメカニクス上の調節の連鎖反応が生じ、フォームの崩れやエネルギーの浪費につながる。こうした疲労とその結果起きる連鎖反応は、腕の筋力トレーニングを行うことにより、ゼロにするとはいかないまでも、軽減することはできる。その結果、浪費するエネルギーが減り、パフォーマンスが向上するのである。

第 8 章

CHEST AND BACK

胸部と背部

　ふいご（アコーディオンなどについている蛇腹の装置）の機能がわかる人ならば、胸郭、つまり胸の構造もすぐに理解できるだろう。ふいご（およびアコーディオン）は、圧力をかけて空気を動かす方法として発達してきたが、その目的は気流（および楽器の音）を作るためである。人体の胸郭も同じである。胸部の主な骨性構造物（**図8-1**）は、12個の胸椎から成る。胸椎はそれぞれ上下に積み重なっている。胸椎は靱帯などの軟部組織で連結され、これが前後の動きを可能にしているが、側方への動きは制限されている。また、回旋は胴体をひねることができる程度に制限されている。それぞれの胸椎の両側からは1本ずつ肋骨が出て弧を描き、胸部前面で向き合う。その大半は胸骨と連結している。

　椎骨の外側つまり後側は脊柱起立筋によって支えられている。脊柱起立筋は脊柱に沿って走行している。しかし、1つひとつの肋骨は、それぞれ上の肋骨からぶらさがっており、それには「仮肋」も含まれる。そしてこれらは肋間筋によって互いに保持されている。この構造はちょうど窓につけるブラインドに似ている。こうした構造はあるものの、それ以上の支持構造がないため、このままであれば肋骨は不安定である。そこで、僧帽筋、広背筋、菱形筋、肩の補助筋群である大円筋・小円筋、大胸筋・小胸筋（**図8-2**）が、肋骨の相対的な位置の保持を助けている。このドーム構造の底には広い横隔膜があり、下位肋骨に付着している。横隔膜は胸郭の底部を取り囲んでいる。これに加えて腹直筋、外腹斜筋、前鋸筋といった腹部の筋肉が、さらに肋骨を安定させている。

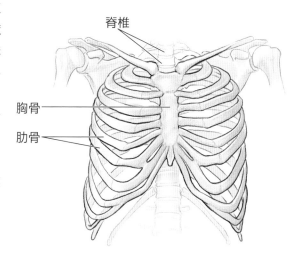

脊椎

胸骨

肋骨

図8-1　胴体の骨構造：肋骨、胸骨、および椎骨

ランニングをすると、ほとんど動かない生活に比べて、身体の酸素需要ははるかに多くなる。この需要を満たすため、横隔膜は収縮するときに、ふいごのような作用を用い、空気を肺に取り込んでいる。これと同時に肋間筋は弛緩するが、結局は呼息とともに力強く収縮し、その間横隔膜は弛緩して胸郭に引き込まれる。このプッシュープルの力学により、交互に肺が空気で満たされたり空になったりして、身体の酸素需要を満たしている。

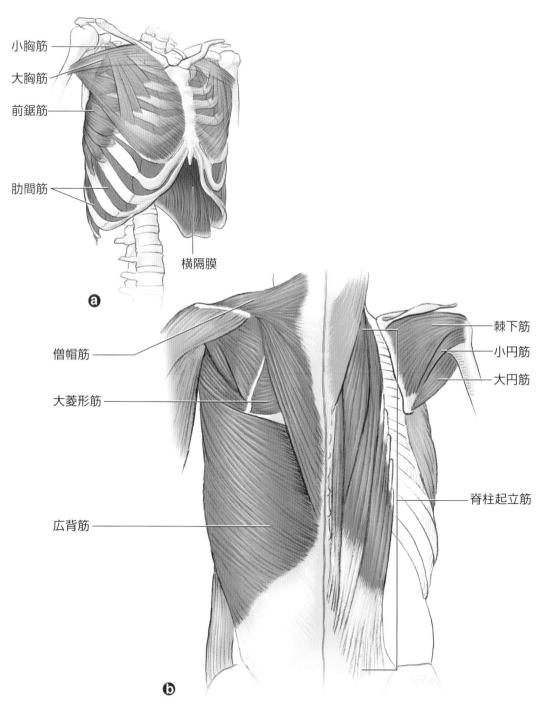

小胸筋
大胸筋
前鋸筋

肋間筋

横隔膜

ⓐ

僧帽筋

棘下筋
小円筋
大円筋

大菱形筋

脊柱起立筋

広背筋

ⓑ

図8-2　胴体上部：(a) 前面　(b) 後面

胸郭の筋肉は呼吸に寄与するだけでなく、限定的ではあるが、前方に進む動作にも重要な役割を果たしている。その働きは、近づいてくるランナーの姿をスローモーションで見れば、いちばんよくわかる。大腿が一歩一歩前方に動くとき、骨盤は最初はある一方へ、次は他方へと若干回旋する。この回旋によって脊椎はわずかにひねられ、これを放置すると腹部と胸郭が安定しなくなる。この不安定な状態を避けるため、胸郭の筋肉には小さいが顕著な緊張と弛緩が生じて、垂直な力の成分を維持する。さらには、前方に進むことによって生じたぶれも、時速32kmまでならば、修正するのである。

肩と上腕骨に付着している筋肉（なかでも大胸筋・小胸筋、大円筋・小円筋）も、腕が一歩ごとに前後に振られると、受動的に動かされる。もしこれらの筋肉が能動的に収縮すると、三角筋の牽引に拮抗する上腕の動きを、わずかながら助ける。

これらの筋肉のランニングにおける重要性は、例の「鎖の強さは最も弱い輪で決まる」という概念にある。つまり、ランナーの能力を決めるのは筋力だけではなく、走行中、最初に疲労する部位でもある、ということだ。もし胸郭の筋肉がトレーニング不足で疲労すれば、その機能を果たすことはできない。そしてそれがランニング動作の効率性を損ねる。そうなってしまうと、呼吸動作だけではなく、脊椎を支え腕の動きを助ける補助的な動作にも支障が出て、スピードダウンを余儀なくされる。

長年ランナーを見てきたが、トレーニングのペースや強度を上げるだけで進化できると思っているランナーが多いことには、いまだに驚かされる。自分の限界は、自分の身体のいちばん弱いところと必ず関係がある。このことに、多くのランナーは気づいていない。たとえば、あるランナーの脚が、1マイルで4分を切る能力を持っていたとしても、肺が脚に十分に酸素を供給する能力を持っていなければ、脚にできることは肺の能力の範囲に限られてしまう。このギャップを埋めるには、横隔膜とそれを支持する筋肉が、下肢と同等に丈夫で強くなければならない。こうした筋肉は、ほかの筋肉とまったく同じように、運動によって疲労する。そしてほかの筋群と同じように、運動によって高度に鍛える必要がある。したがって、本章で紹介するエクササイズは脚のエクササイズと同様、重要なものと、とらえるべきである。

部位別トレーニング・ガイドライン

胸部や背部の筋力トレーニングをすると言っても、自ら筋肉隆々になろうとしない限り、ごつごつとした体格になったり、ランニングのパフォーマンスの邪魔になったりすることはない。当然、たいていのランナーはしなやかな身体を保ちたいものである。よって、以降に紹介するエクササイズは、比較的軽いウエイトを使い比較的高回数（12〜15回）を3セット行うことを勧める。このような筋力トレーニングでは、筋力がほとんどつかないのではなく、（それなりにランニングの量をこなしていれば）筋肉の体積がほとんど変わらないのである。以降のエクササイズを、1週間に行うランニングの練習のうち2回に組み込めば、強い胸部と背部を維持するには十分である。強い胸部と背部があれば、正しいランニングの姿勢を保持する力にもなり、また、呼吸を助けることにもなる。

ダンベルプレス
DUMBBELL PRESS

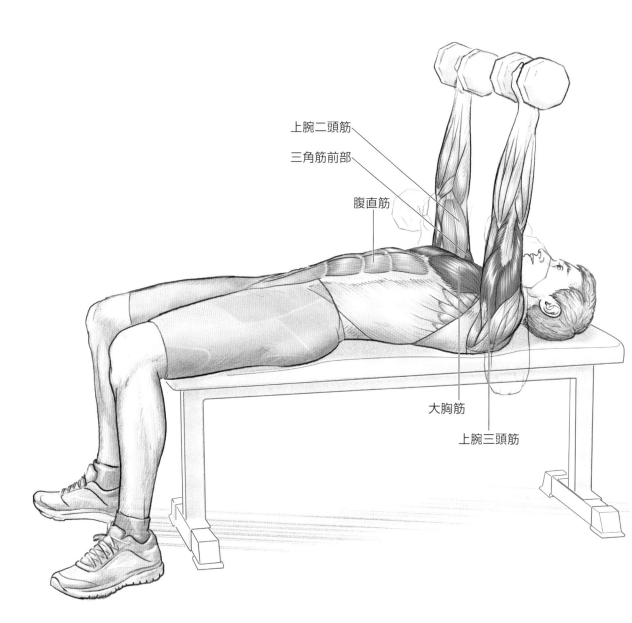

上腕二頭筋

三角筋前部

腹直筋

大胸筋

上腕三頭筋

エクササイズ

1. 足裏を床につけてベンチに仰向けになる。腰には自然な彎曲が若干できるはずである。ダンベルは胸の高さで、それぞれ両手に順手で持つこと。

2. ダンベルを上方に押していき、腕を完全に伸展させる。その後直ちに、ゆっくりと下ろし始め、最初の姿勢に戻る。

3. この動作を繰り返す。背中はベンチにつけ、安定したポジションを維持する。

動員される筋肉

主動筋：大胸筋、上腕三頭筋、三角筋前部
補助筋：上腕二頭筋、腹直筋

ランニング・フォーカス

　本章の前半で述べたとおり、胸部の筋肉は、ほかの筋肉と同様、運動で疲労する。幸いにして、胸部の筋肉はこのダンベルプレスのようなシンプルなエクササイズで簡単に強化できる。このエクササイズはバーベル・ベンチプレスよりも腹筋群を動員する。なぜなら、2つ別々のダンベルを使うため、胴体が安定していなければならないからである。したがって、このエクササイズでは胸筋群がターゲットとなるが、それに加えて腹筋群もスタビライザーとして使われる。腹筋と胸筋がより強くなれば、長距離ランナーはレースやトレーニングの後半でも、よりよい姿勢を保つことができる（呼吸も楽になる）。そして上体の姿勢がよくなれば、効率的な動作周期となり、貴重なエネルギーを温存することができるのである。

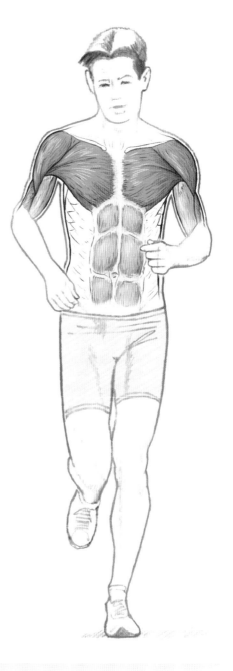

バリエーション

ローテーテッド・ダンベルプレス
Rotated Dumbbell Press

　このバリエーションは、ダンベルプレスと最初のダンベルの向きが違う。両手のひらが向かい合わせになった状態からスタートする。そして、前腕を90°内側に回転させながら、ダンベルを上方に押し上げる。腕を完全に伸展させたときは、ダンベルプレスと同じ、順手の状態になる。その後、逆の動きで最初の姿勢に戻る。
　特に胸筋群の胸骨頭を強化するエクササイズである。よって、胸筋群すべてを十分に鍛えることができる。

インクライン・バーベルプレス
INCLINE BARBELL PRESS

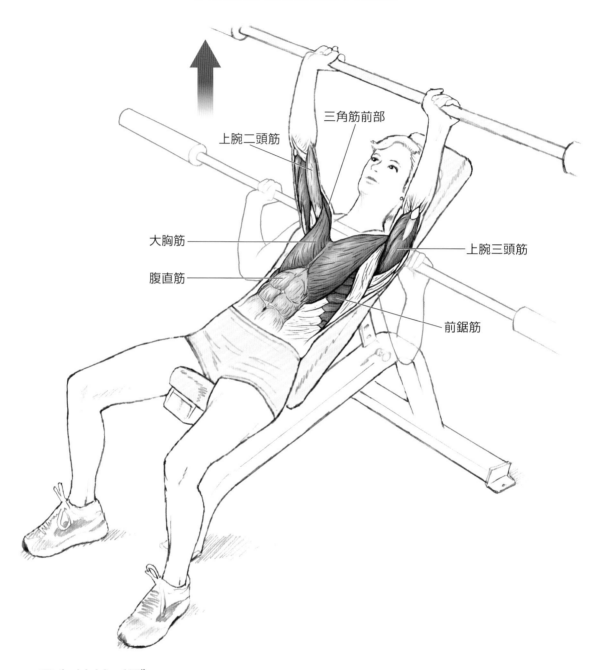

三角筋前部

上腕二頭筋

大胸筋

腹直筋

上腕三頭筋

前鋸筋

エクササイズ

1. 45°傾斜させたベンチに仰向けになり、両腕をほぼ完全に伸展させる。両手を肩幅よりもやや広く開いてバーベルを握る。
2. 両腕を完全に伸展させてバーベルをラックから外す。バーベルを胸の上部まで真っすぐに下ろす。
3. 最初の位置までバーベルを真っすぐに上げる。このとき、肘を伸ばし切って固める、ということはしない。

安全に行うために

このエクササイズでは、補助者に手伝ってもらうことを、強く勧める。エクササイズの前後に、バーベルをベンチの固定位置から外したり、戻したりする作業を手伝ってもらうのである。このエクササイズでは身体が斜めのポジションをとるので、肩（具体的には回旋筋腱板）をより使う。もし肩に痛みがあれば、エクササイズは途中で切り上げ、ダンベルプレスだけ行うこと。

動員される筋肉

主動筋：大胸筋、上腕三頭筋、三角筋前部、前鋸筋

補助筋：上腕二頭筋、腹直筋

ランニング・フォーカス

　動員される筋肉という点では、ダンベルプレスに似ているが、インクラインプレスでは前鋸筋も使うため、上体の強化が促進される。同じ部位にある筋肉でも、異なるエクササイズを使って発達を刺激すれば、筋力トレーニングにバリエーションが加わり、常に新鮮味のあるトレーニングとなる。

135

ダンベルフライ
DUMBBELL FLY

ポイント
頭上にウエイトを戻すとき、手の力で押し上げたり、過度に三角筋を使ったりしない。ウエイトは胸筋で上げること。

総指伸筋

上腕二頭筋

大胸筋

三角筋

エクササイズ

1. 足裏を床につけてベンチに仰向けになる。腰には自然な彎曲が若干できるので、ベンチにはつかないはずである。両腕は身体に対して垂直に伸ばし、肘は5～10°曲げる。両手のひらを内側に向けてダンベル持つ。

2. ウエイトをゆっくり下ろす。肘の角度を維持しつつ胸筋の伸張に意識を集中させる。上腕がベンチと同じ高さになるまで下ろす。

3. ウエイトを最初の位置に戻す。樽を抱えるような姿勢である。ダンベルの動きはコントロールし、トップの位置でダンベル同士を接触させず、5～8㎝離れている状態にすること

安全に行うために

最初の姿勢では両腕を伸ばすが、過伸展しないように注意する。重いウエイトを使うと、最初の姿勢をとるためにダンベルを持ち上げるのが、難しくなることもあるからだ。さらに、腕を伸ばし過ぎると三角筋と上腕二頭筋がエクササイズしにくい位置になる、という理由もある。腕はケガを防ぐために、ベンチの面より下に下ろさないこと。

動員される筋肉

主動筋：大胸筋（だいきょうきん）

補助筋：上腕二頭筋（じょうわんにとうきん）、三角筋（さんかくきん）、総指伸筋（そうししんきん）

ランニング・フォーカス

　本章のエクササイズの効果は胸筋の強化にある、ということはわかると思う。しかし、このダンベルフライでは、胸筋のストレッチもその効果に含まれる。細かく言うと、遠心性の動作、つまりウエイトを下ろす動作に、ストレッチの要素が含まれている。このストレッチにより、各肋骨間にある肋間筋の伸張が促進され、呼吸の効率が増す。基本的に、胸部の筋肉が広げられると、酸素は吸い込みやすくなる。この効果は、エチオピアのハイレ・ゲブレシラシエやアメリカのライアン・ホールのようなマラソンランナーを見ればわかる。この2人の胸部は走行中、常に拡張し、運動によって拡大した肺に合わせているように見える。

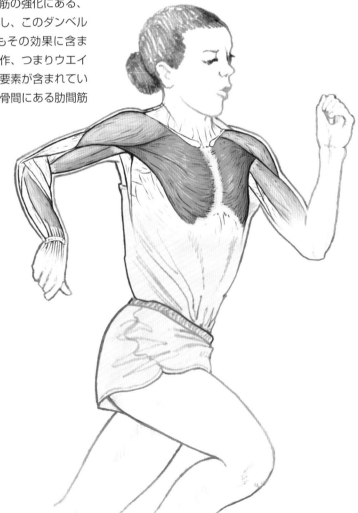

プッシュアップ
PUSH-UP

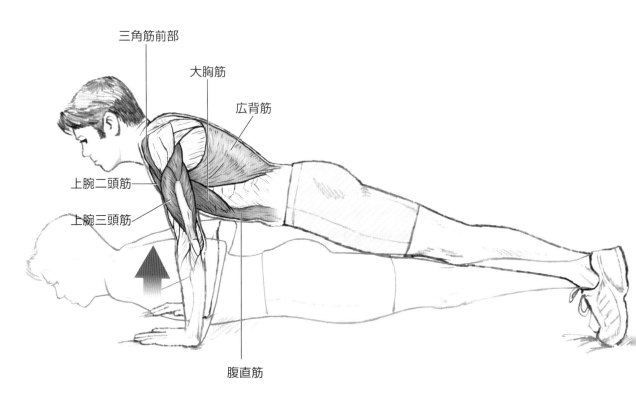

三角筋前部

大胸筋

広背筋

上腕二頭筋

上腕三頭筋

腹直筋

エクササイズ

1. うつ伏せになり両手を肩幅よりやや広めに開いて床につく。両腕は曲げる。両手の位置は両肩外側の一直線上にある。

2. 両腕が完全に伸びるまで、床を手で押す。動きをコントロールしながら1回の動作で行う。このとき身体（足から頭まで）を、やや上向きの面になった状態に保つ。身体を押し上げているあいだは、息を吐く。

3. 肘を曲げ、胸が水平になり床につくか、つく寸前まで、身体をゆっくりと下ろす。この間は息を吸う。

動員される筋肉

主動筋：大胸筋、上腕三頭筋、三角筋前部
補助筋：上腕二頭筋、広背筋、腹直筋

ランニング・フォーカス

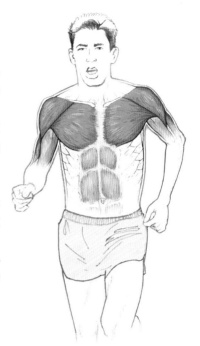

　プッシュアップは最もシンプルなエクササイズである。マシンも（体重以外の）ウエイトも要らない。1回の一続きの動作だけである。バリエーションを加えない限り（インクライン・プッシュアップやバランスボール上のプッシュアップのように）、複雑な動作にはならない。それでいて、上体の筋力を高めるにはきわめて効果的なエクササイズである。

　プッシュアップは上体と腹部を強化し、正しい姿勢にするため、ランナーにとって有用である。プッシュアップのやり方は、ランニング中に上体をよい姿勢に保つ動作に似ている。したがってこのエクササイズは、正しい姿勢を強化することにもなる。

　プッシュアップは何セットも行うことができるが、ほかの筋力トレーニングと同様、毎日行うべきではない。休養の日を設け、エクササイズで使った筋線維が修復されたあとに、行うべきである。

バリエーション

インクライン・プッシュアップ
Incline Push-Up

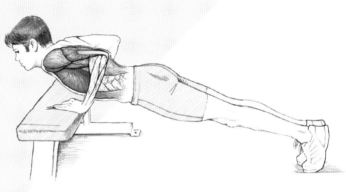

　インクライン・プッシュアップではエクササイズの重点が、胸の上部から肩の筋肉に移る。このほうが回数を多くこなせるので、通常のプッシュアップが難しければ、このエクササイズから始めるとよい。ただし1つ注意する点がある。このエクササイズは通常のプッシュアップよりもやりやすいため、スピードアップしたくなる。しかし回旋筋腱板をより多く使うため、ケガを防ぐために、自重すべきである。

バランスボール上のプッシュアップ
Push-Up on Physioball

　このエクササイズは頭が下がる姿勢で行うため、エクササイズの重点は上背部に移る。バランスボールを使うことにより、体幹の安定が必要になるため、補助筋群も主なターゲットになる。プッシュアップを行うときは、股関節を沈ませず、姿勢をしっかりと維持すること。それが難しい場合は小さめのバランスボールを使うと、やりやすくなる。

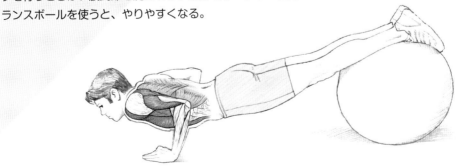

プルアップ
PULL-UP

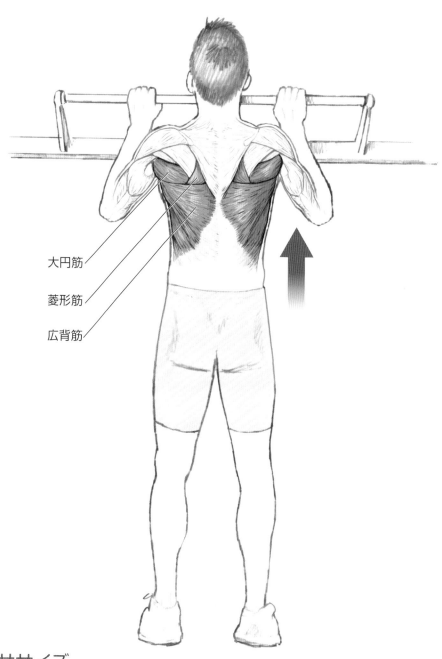

大円筋

菱形筋

広背筋

エクササイズ

1. オーバーハンドグリップ（手のひらを前面に向ける：順手）でプルアップバーにぶら下がり、身体を完全に伸展させる。
2. 身体をスムーズな動きで上方に引き上げる。
3. あごがバーの高さに達したら、腕が完全に伸び切る寸前まで身体を下ろす。コントロールした動きで行い、両足は床につけないこと。

動員される筋肉

主動筋：広背筋（こうはいきん）、大円筋（だいえんきん）、菱形筋（りょうけいきん）
補助筋：上腕二頭筋（じょうわんにとうきん）、大胸筋（だいきょうきん）

ランニング・フォーカス

　プルアップは、プッシュアップと陰陽一対の関係にある。シンプルでありながら、筋力に対する効果は大きい。具体的には、上背部の強化を促進する。そして長距離ランナーを見ればわかるように、上背部が強いとトレーニングやレースの後半での姿勢もよくなる。

　プルアップは難しい。実際、米国海兵隊をはじめ陸軍・空軍でも、兵員の体力測定テストに使われているくらいである（満点は１分間に20回である）。エクササイズを始めやすくするには、１回目を台に乗って行うとよい。スムーズなコントロールされた動きで、できる回数だけ行う。身体をひねらせたり、勢いをつけたりしないこと。

　プルアップはチンアップとも呼ばれる。トレーナーのなかには、プルアップとチンアップをグリップ（順手か逆手か）によって区別する人もいる。しかし、そのほかの人にとっては、呼び方が違うだけである。

バリエーション

リバースグリップ・プルアップ
Reverse-Grip Pull-Up

　両手を肩幅に開き、アンダーハンドグリップ（手のひらを身体に向ける：逆手）でプルアップバーを握り、ぶら下がる。スムーズな動きで身体を上方に引き上げる。あごがバーの高さに達したら、腕が完全に伸び切る寸前まで身体を下ろす。コントロールした動きで行い、両足は床につけないこと。

　オーバーハンドグリップのプルアップに比べ、リバースグリップのプルアップは上腕二頭筋をより多く使う。上腕二頭筋が比較的小さいことを考えると、このバリエーションはさらに難しい。上腕二頭筋はすぐに疲労するからである。

　この２つのプルアップは、上背部に負荷をかける練習をするときには、交互に行ってもよいし、それぞれ別の日に全般的なワークアウトの一部として行ってもよい。また、プルアップマシンを使えば、手の位置もさまざまに変えることができる。

マシンを使ったラットプルダウン
MACHINE LAT PULL-DOWN

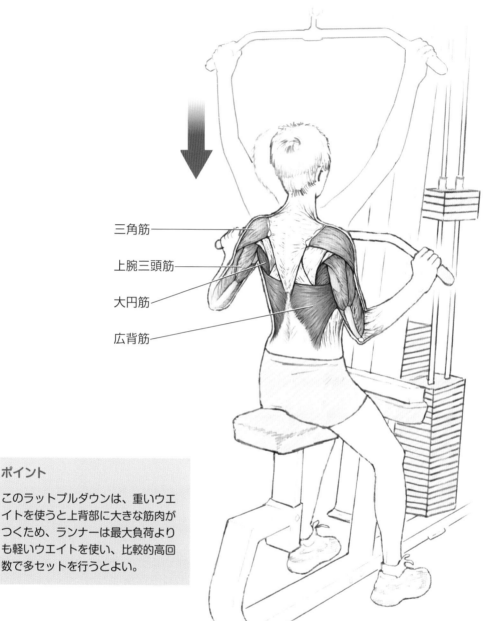

三角筋

上腕三頭筋

大円筋

広背筋

ポイント

このラットプルダウンは、重いウエイトを使うと上背部に大きな筋肉がつくため、ランナーは最大負荷よりも軽いウエイトを使い、比較的高回数で多セットを行うとよい。

エクササイズ

1. ウエイトマシンのバーに向き合い、両脚がパッドの下にくるようにする。両腕を完全に伸展させ、両手の間隔を広く空けてバーをつかむ。このとき手のひらは外側に向いている。上体をわずかに倒して（肩を後方に倒す）動作をしやすくする。

2. バーを、切れ目のない動きで胸の上部につくまで下に引く。両肘は常に後ろに引き胸を張る。

3. ウエイトの重みで両腕を最初の完全に伸展させた状態に戻す。この遠心性の動作では、ウエイトに抵抗しながら動作を行う。

安全に行うために

バーは首の後ろには引かない。首の後ろに引くと首のトラブルになりかねない。すでに問題（頸椎ヘルニア）がある場合は、悪化することもある。

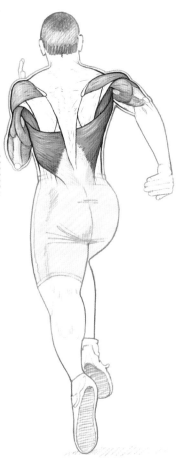

動員される筋肉

主動筋：広背筋（こうはいきん）、大円筋（だいえんきん）
補助筋：上腕三頭筋（じょうわんさんとうきん）、三角筋（さんかくきん）

ランニング・フォーカス

　ラットプルダウンの動きは、通常のランニング動作とは違う。では、このエクササイズはランニングのパフォーマンスにどう役立つのだろうか？　ラットプルダウンは、前に示した胸部と上背部のエクササイズと同様に、胸郭を支持し安定させる筋肉（広背筋、大円筋）を強化し、呼吸や姿勢の支えとなることで、パフォーマンスを後押しする。上背部を強化すると、胸部をターゲットにしたエクササイズで得られる筋力と拮抗できるため、バランスのとれた胴体になる。さらに、長時間にわたるトレーニングやレースのあいだ、直立した姿勢を保つこともできるようになる。ラットプルダウンはトレーニング進行の導入期に適したエクササイズである。

バリエーション

リバースグリップ・ラットプルダウン
Reverse-Grip Lat Pull-Down

　このエクササイズでは、広背筋と大円筋だけでなく上腕二頭筋の役割にも重点が置かれる。これは腕の強化に集中する日に行ったほうがよい。ラットプルダウンを先に行うならば、リバースグリップ・ラットプルダウンの負荷を変える必要も出てくる。このエクササイズでは、より大きな肩や上背部の筋肉の役割が最小限になるからである。

シングルアーム・ダンベルロウ
SINGLE-ARM DUMBBELL ROW

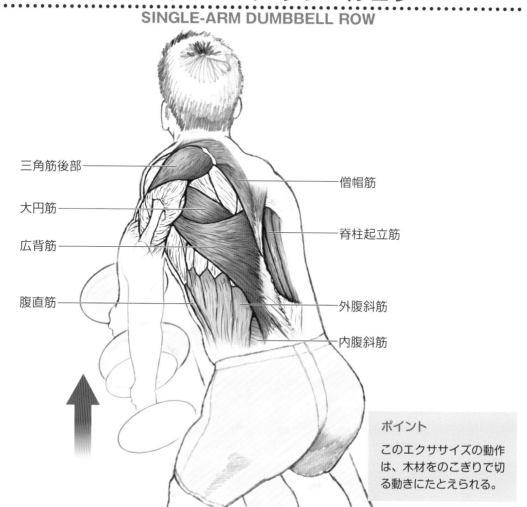

三角筋後部

僧帽筋

大円筋

脊柱起立筋

広背筋

腹直筋

外腹斜筋

内腹斜筋

ポイント

このエクササイズの動作
は、木材をのこぎりで切
る動きにたとえられる。

エクササイズ

1. フラットベンチの上に片膝を立てる。その膝と同じ側の手（ウエイトを持っていないほうの手）をベンチにつき、バランスをとる。ウエイトを持っているほうの腕は伸ばし、ベンチの下に下ろす。

2. ダンベルを握り肘の角度が90°になるまで引き上げる。スムーズな切れ目のない動作を、上背部と肩の筋肉から起こす。引き上げる動作のあいだは息を吐く。

3. ダンベルを、引き上げたときと同じ軌道をたどりながら、徐々に下ろす。

144

動員される筋肉

主動筋：広背筋、大円筋、三角筋後部、上腕二頭筋、僧帽筋

補助筋：脊柱起立筋（腸肋筋、最長筋、棘筋）、腹直筋、外腹斜筋、内腹斜筋

ランニング・フォーカス

　簡単なエクササイズであり、複数の筋肉に効果がある。比較的重いウエイトを（正しいフォームが身についたら）使うことができるため、非常に強い筋力が得られる。三角筋と僧帽筋が発達すると、頭の位置の保持、腕振りの助けになる。具体的には、これらの筋群の力によって、トラックを走るための力強い腕振りが生まれ、トレーニングやレースの後半でも疲労を寄せ付けず、トレイルの難所（岩場や坂）でもよいランニングフォームを維持することができる。

　このエクササイズで重要なのは、上背部と肩の筋肉に限られたアイソレーション種目だということである。腹筋群も動員されるが、それは身体を安定させるためであり、広背筋、僧帽筋、三角筋、上腕二頭筋に重点が置かれる。

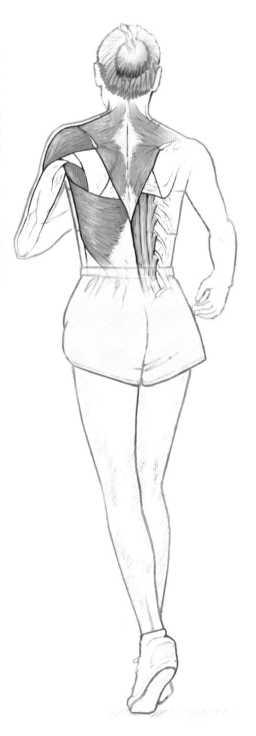

バーベルを使ったベントオーバーロウ
BENT-OVER ROW WITH BARBELL

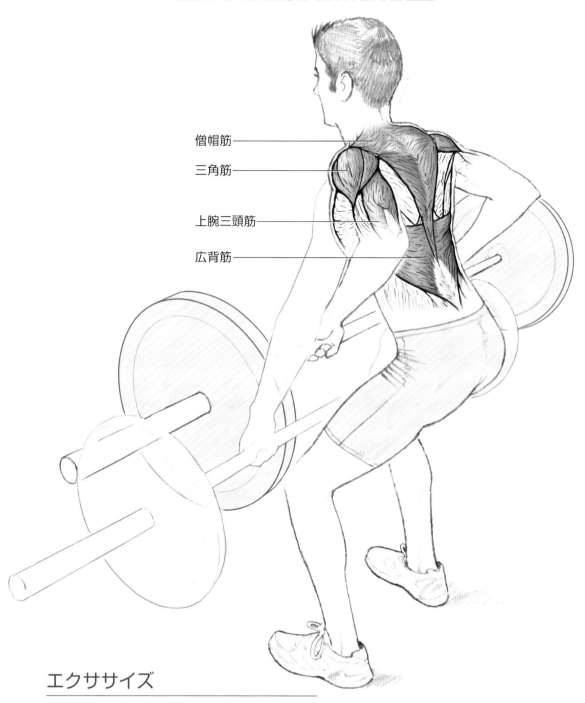

僧帽筋

三角筋

上腕三頭筋

広背筋

エクササイズ

1. 両足を肩幅に開き腰から前傾する。両膝はわずかに曲げ、腕は下ろす。手を肩幅に離し、バーベルを順手で握る。

2. ベントオーバーポジション（胴体が大腿と直角）のまま、バーベルを胸に向かって引き上げる。この際、曲げた肘が胸と並列するまで上げる。

3. バーベルを最初の位置に戻し、同じ動作を繰り返す。

安全に行うために

動作中、腰の自然な彎曲を維持する。特に重いウエイトの時は注意する。背中は丸めない。

動員される筋肉

主動筋：広背筋、僧帽筋
補助筋：上腕三頭筋、三角筋

ランニング・フォーカス

　筋力のアンバランスなランナーは珍しくない。その主なものは、大腿四頭筋群のなかの４つの筋肉同士、大腿四頭筋群とハムストリングスであるが、さらに多いのが、脚同士（つまり左脚と右脚）の筋力の不均衡である。しかし、上体の筋力に不均衡があっても、筋力トレーニングでは放置されることが多い。なぜなら、そのような欠点がランニングのパフォーマンスに影響するとは考えられていないからだ。実際のところ、胸部の「プッシュ」する（押す）筋肉と、上背部の「プル」する（引っ張る）筋肉の力がアンバランスだと、ランニングの動作周期に多大な影響が及ぶこともある。遊脚期に大腿四頭筋群で生まれる引き上げの力は、前傾することにより（あるいはしないことにより）、変化するからである。そして過度な前傾のために引き上げる力が不足すると、特に速いペースで練習しているときには、スピードが抑えられてしまう。さらに、効率的な呼吸ができなくなる可能性もある。

　引き上げが不十分なためにスピードが落ちても、脚の回転を速くすることでその埋め合わせはできる。しかしそうなると有酸素性能力が重要になってくるため、もし、その能力が標準以下ならば、パフォーマンスにとってはマイナスになる。このように、体力向上の面ではさほど重要とは思えない部位でも、パフォーマンスには大きな役割を持っている。特に大きな筋群を強化する場合などは（例：「プッシュ」のエクササイズで胸筋を強化する場合）、その拮抗筋（この例では上背部の筋肉）も、同等に強化しなければならない。

バリエーション

バーベルを使ったワイドグリップ・ベントオーバーロウ
Wide-Grip Bent-Over Row With Barbell

　グリップの幅を広くすると、広背筋の下部、中央、外側を働かせることができる。しかしその場合でも主に鍛えられる筋群は変わらない。変わるのは、どの部分がいちばんインパクトを受けるかということだけである。通常、広背筋の外側は、プルアップなど、後方に「プル」するエクササイズに動員される。腕の長い人のなかには、ワイドグリップのほうが自然に感じられるという理由で、ワイドグリップを好む人もいる。このエクササイズでも、腰の彎曲を維持すること。

第 9 章

INJURY PREVENTION

ケガの予防

　もし、本書でランニングのマイナス面を取り上げなかったとしたら、読者には大きな損害を与えることになるだろう。ランナーなら誰もがどこかで遭遇する落とし穴がある。その落とし穴にはまることなく、走ったりエクササイズをしたりできると思っているなら、とんでもなく考えが甘い。いかに効率的に練習するにしてもだ。しかし、人間には制御できない問題もたしかにあるが、トレーニングプランに基づいた長期的な目標に思慮深く取り組んでいけば、それ以外の問題は回避することができる。

　本書で紹介したエクササイズを行えば、エクササイズに割く時間も、ランニングに割く時間も増える。このような練習時間の増加に対して、よく採用されるルールがある。それは、走る時間も距離も、1週間に10%を超えて増やしてはならない、というルールだ。しかしながら第2章でも述べたように、この「ルール」には、確たるエビデンスが何もない。むしろ、コーチからランナーへ、そしてランナーから別のランナーへと、口々に伝えられ広まった俗説である。たしかにこのルールは、1週間に16kmも走らないような初歩の段階には当てはまらない。しかし、トレーニングが進行していくにしたがい徐々に練習量を増やすこのルールは、オーバーユースによるケガの回避には役立つはずである。

　ケガのいちばんの警告サインは、おそらく痛みだろう。しかし痛みはさまざまな形で現れる。そして、本当に原因となっている場所ではなく、運動連鎖の中の弱い部位に起きることも多い。しかも、痛みは問題のサインであるとも限らない。たとえばきつい練習をしている途中で不快感を催しても、それはパフォーマンス向上へのプロセスの一部であり、問題ないことなのかもしれない。ベテランランナーになると、こうした不快感と練習が終了しても消えない痛みとの区別がつくようになる。

　もちろんケガは、走路面やウエアやシューズなどの外的なファクターによって引き起こされることもある。走路面が問題なのは、着地するときに足に体重の3倍あるいは4倍の力が、かかるからである。コンクリートなどに着地した場合、その力が関節に与える影響は大きい。それは、砂や踏み固められ

たダート、砂利などの足に優しい路面はもちろんのこと、アスファルトをも超える。さらに、道路の片側だけを走るランナーがあまりにも多い。こうしたランナーは、道路の傾斜によって自分たちが道の脇に追いやられ、それが骨盤の傾きを引き起こしていること、そして、腰がひねられた結果、足関節の靱帯だけでなく、もしかしたら腸脛靱帯までもが伸ばされていることを、忘れている。これだけ例を挙げれば、ランニングが思慮を必要とするということは、明白だろう。新しいシューズに飛びついたものの、履き慣らすのを忘れ、おろした初日にマメを作ってしまうというのも、ランナーがやりがちなことだ。シューズもウエアも着慣らすべきなのであって、着古してしまってはだめなのである。

　ケガをしても、その診断は複雑なことが多い。原因不明の痛みや症状があれば、すぐに専門医にかかって対処してもらい、ランナー本人も根気よくリサーチするべきである。とは言え、初期段階では自分で一般的な応急処置はできるし、すべきである。その場合、医師が使うガイドラインに従うのが賢明だ。まずは病歴聴取である。次のような設問を自分に投げかけてみよう：痛みの始まり方は急か、それとも何回か走るうちに悪化してきたか？　痛みの範囲は小さい場所に限られているか、それとももっと広汎性のものか？　触ると痛むか？　休むと痛みは消えるか？　このほかにも聞けることは無数にあるが、その目的は、ケガについて考えを巡らせるようにすることだ。そして次に必要なのは、そのケガに目を凝らすことである。観察することで非対称、腫脹、変色といった特徴を識別できるからだ。このとき、必要であれば鏡を使う。この段階の診察では、軽く触診を行ってもよい。そしてそのあとに、受動的動作、能動的動作の両方を行う。ここまで行えば、自分で鑑別診断ができるかもしれない。つまり可能性が、ありそうか、なさそうか、の二者択一である。診断がほぼ間違いなければ、適正な応急処置を始める。そうしない場合は、医師を受診してさらなる評価をしてもらう。検査が必要な場合は、検査結果を待っているあいだに治療を始める可能性もある。検査結果によって診断が変わる場合は、治療も修正されることがあるだろう。このように診断と治療の各フェーズは互いに関連し補完し合うものでなければならない。つまり、一方が疑問視されたり無効だったりする場合、他方も見直しや再評価がされる可能性がある、ということである。

頻度の高いランニング障害

　ランニングによって痛めやすい部位は、大方の予想通り、腰部、鼠径部、下肢の筋肉、膝と足関節周辺、それに足である。そして痛めやすい組織は骨、靱帯、筋肉、腱、筋膜である。なんという多さだろうか。

　典型的な筋断裂は、2つの関節の間を過度に伸展させるときに起きやすい。特に、いい加減にウォーミングアップするときなどである。細かく言うと、筋内の血管が限度を超えて引っ張られ破裂し、その周辺に血液があふれる。そして、血液滲出と同等の圧力が周囲の軟部組織（または止血バンド）によって加わり、やっと出血が止まる、というメカニズムである。この出血の圧力が軟部組織における痛みを引き起こすのだが、これが常にケガのわかりやすい指標となる。

　冷却はケガの治癒を促進する主なファクターである。よって、急性のケガ（筋肉の場合もそれ以外の場合も）に直ちにアイスパックを当てると、大きな損傷になりにくい。さらに、アイスパックによっ

て腫脹が抑えられれば、回復にかかる時間を短縮できることもある。しかし、組織に体液が蓄積して生じる腫脹は、ケガの所在を明らかにするだけでなく、影響を受けた部位を保護し、治癒にも働きかける。そう考えると、血管を収縮させ、血流を制限することで腫脹を抑える冷却療法は、すべてにおいていい方法だと言えるのだろうか？

　統計上、ランナーのケガが最も好発する部位は、背部と膝である。ランナーに起きる背面の痛みはたいてい、腰部と仙骨部に局在する（**図 9-1**）。そしてその原因の多くは、腰部の柔軟性が欠如・不足しているうえに、痛みをおして走ろうとすることにある。そのほか関係していると考えられるのは、姿勢の悪さ、実際の脚長差や人為的脚長差（前にも述べたが、傾斜した道路を走っていると脚の長さに違いが生じることもある）、あるいは急にヒルトレーニングを始めたりすることである。痛みがいずれか一方の脚で生じる、あるいは、それにしびれまたは筋力低下を伴う場合は、もっと深刻な状態、たとえば椎間板ヘルニアなどであることも考えられる。その場合は、医師の意見を直ちに求めなければならない。

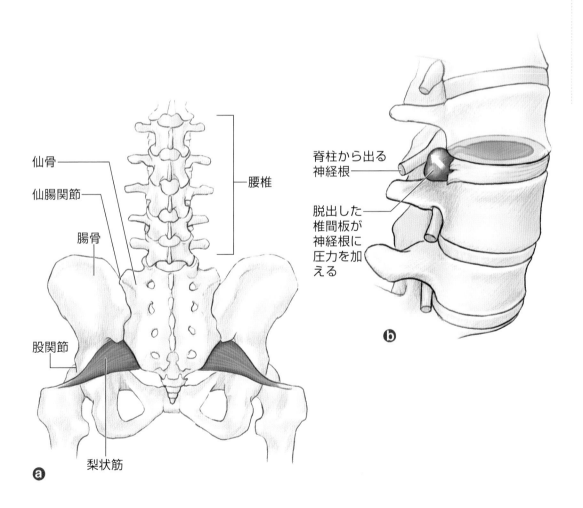

図 9-1　（a）腰部　（b）脊椎

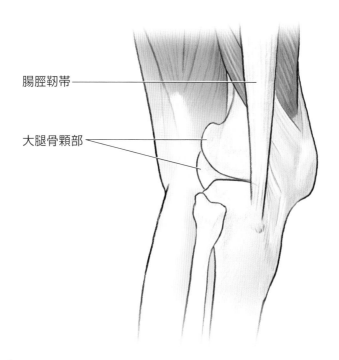

腸脛靭帯

大腿骨顆部

図9-2　膝

　膝もほとんど同じである（**図9-2**）。腫脹や関節のロッキング（訳者注：切れた半月板^{はんげつばん}が関節内に挟まることなどによって生じる、関節がロックされたような状態になること）がケガの発生に続き、特にそれが急激（2、3時間）に生じる場合、早急な診断が求められる。このようなケガは単なる「ランナーズ・ニー」（膝蓋大腿部痛症候群^{しつがいだいたいぶつう}）ではない。

　ランナーズ・ニーに関しては、膝蓋骨が大腿骨下端の溝のなかを滑らない結果、膝蓋大腿部痛になりやすいのだと、従来から考えられている。この動きの原因はおそらく、膝の特定部位のアライメントにある（もしくは特定部位のアライメントが崩れたことにある）と考えられる。具体的には、通常、人間が立っているのを正面から見ると、膝関節と足関節は一直線上にあるが、左右の股関節は身体の中心からそれぞれ15cmあるいはそれ以上離れている。その結果、大腿四頭筋が収縮すると、膝蓋骨が外側に引っ張られ、大腿骨の溝のなかで捻じれる。大腿四頭筋の外側部の牽引に対して内側広筋^{ないそくこうきん}が拮抗する働きをすると考えられるが、それができるのは、すでに強化され、十分に発達しているときのみである。そして、その強化のためには、膝をロックし伸展させた状態で、内側広筋を動かす必要がある。

　痛みが狭い範囲に限られている場合は、その原因の診断は比較的容易である。大腿下部の外側の痛みは、腸脛靭帯症候群（ITB）が原因である可能性が高い。ITBでは、全体的に弾性のない結合組織である腸脛靭帯が、大腿骨の外側上顆をこする。腸脛靭帯をストレッチさせる適正なエクササイズをしても治らない場合、シューズやインソールを足病学に基づいて調整し、治療することも考えられる。

　スポーツ障害の自己診断は危険を伴う。ケガは、1つひとつがなんらかの形で異なるため、それぞれ個別に診断し管理することが必要である。ケガを理解するためにネットでリサーチをするのも合理

的な方法ではあるが、診断に使ってはならない。本を書く側としても、改善を目的としてケガの管理法を説明すれば、無責任になる。したがって、以下に示す項は、ランナーである読者を応援するためのもの、そして自分の身体が、いつでも順調に動く最強スピードマシンではないとわかってもらうためのものに過ぎず、それ以上の役割はない。身体も普通の機械と同じように、少々微調整が必要なときがあるかもしれない、ということに、ぜひ気づいてもらいたいのである。

半月板損傷

半月板損傷とは、膝関節のクッションとなっている軟骨が損傷を受けたケガのことである。この軟骨、つまり半月板は内側も外側もCの形をしていて、大腿骨（大腿部の大きな骨）と、体重を支える下腿の骨である脛骨との間にあり、大腿骨の下方では緩く付き、脛骨の頭部（脛骨顆部）ではしっかりとつなぎとめられている。半月板の軟骨組織は関節軟骨とは違うものである。関節軟骨は、大腿骨・脛骨・膝蓋骨（膝の皿）の表面を覆っている。また、膝関節が動くときに、関節液で表面がなめらかになった骨同士が互いに滑るのを可能にしているのも関節軟骨である。よって、「軟骨断裂」とは半月板を指し、「変形性関節症」とは関節軟骨のことを指す。

半月板損傷ではしばしば、引っかかり感が膝関節に現れる。今までに半月板を損傷したことのあるランナーが、膝関節周りだけでなくその裏側までもが硬く不安定だと訴えることは多い。診察ではマックマレーテストも行うべきである。マックマレーテストは手で行う検査であり、屈曲位で支えた脚を回旋させて行う。この検査を行っても、最終的な答えは得られないが、予備的評価にはなる。診断にはたいていの場合、MRI検査を使う。

半月板損傷のなかには、外傷（打撲やひねり）によって生じるものもあるが、そのほかは、慢性的な動作によって摩耗や亀裂が引き起こされた結果、生じるものである。半月板のケガには、遺伝的な要素もある。

半月板損傷の治療は、重症度、断裂部位、患者の年齢、希望する回復後の身体活動量によって、さまざまに異なる。たとえば、L字状断裂は関節鏡下での修復が比較的容易である。関節鏡下術ではL字状部分を切除するが、通常は完全な回復までに1カ月かからない。いったん腫れがなくなれば、たいてい運動の許可がでる。しかし、ランニングを再開する前には理学療法が処方されるべきである。股関節部、大腿四頭筋、ハムストリングス、ふくらはぎを強化する必要がある。

外科手術を（損傷部位や重症度により）選択しない場合は、身体活動を休むことが、第一選択の治療法である。なぜならそれにより、痛みが沈静するからである。安静によって治癒しないことがわかった場合は、適正かつ広範囲の理学療法を処方して筋力と柔軟性を高め、ランニングが再開できるようにする。内側半月や外側半月の辺縁部に起きた小さな断裂は、どちらも自然治癒することが多い。実際、こうした断裂は痛みや違和感がほとんどないため、診断を受けないこともしばしばである。それとは対照的に、ひどい痛みや不安定性の原因となる大きな断裂は、一部あるいは完全な半月板切除（軟骨組織の除去）が必要となることもある（監修者注：最近はなるべく縫合して半月板を残す治療が選択される）。

変形性膝関節症

すべての関節は、動作中に潤滑剤である関節液を分泌する。関節液は、特に年配者の関節において、摩擦を減らし変性を最小限にする。それでも、加齢により膝の骨（脛骨、大腿骨、膝蓋骨）を覆う関節軟骨は、立つ、歩く、ひざまずくといった日常的な身体活動の結果、すり減っていく。よって70歳の人の大多数は、膝やその他の関節に、日常生活を送るだけで生じる軽度の変形性関節症がある。

これまで、ランニングは変形性膝関節症の発症を早めるという風評があったが、さいわい、趣味で走るランナーのほとんどには、当てはまらないことが証明されている。事実、National Runners' Health Study と National Walkers' Health Study（訳者注：いずれも米国で長期にわたって行われている追跡調査）によれば、変形性膝関節症の主因は、遺伝的因子と過剰な体重であり、軽度なランニングから中程度のランニング、つまり週間24〜32kmのランニングは、軟骨組織の健康を保つのに役立っている。（P.T. Williams, "Effects of Running and Walking on Osteoarthritis and Hip Replacement Risk" *Medicine & Science in Sports & Exercises*, 45[7][2013]:1292-1297）

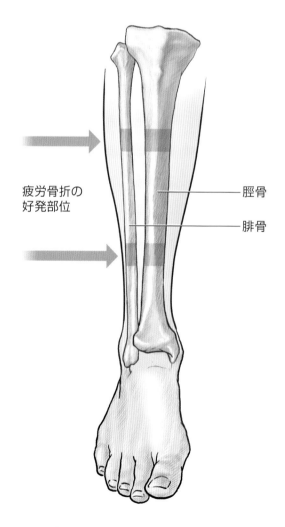

疲労骨折の
好発部位

脛骨

腓骨

図9-3　脛骨と腓骨における疲労骨折の好発部位

変形性関節症を防ぐには、適切な食事や運動によって体重を正常範囲の下限に保つことが最善の方法であり、これは遺伝的素因があったとしても変わらない。変形性関節症に関しては、さまざまな治療法が推奨されている。たとえば、カプサイシン投与、ヒアルロン酸注射、コルチゾン注射、テーピングである。しかし、軟骨組織は元には戻らず、こうした治療法も痛みの原因（骨同士の摩耗）を解決するものではなく、単に痛みを覆い隠すだけである。

最近10年ほどは、膝の外科手術イコール変形性関節症という考えが、一般的である。たしかにその考えも間違えではないと思われるが、変形性関節症の重症度は遺伝因子、運動習慣、肥満度指数（BMI）によって異なる。結局、ランナーが変形性関節症を防いだり、克服したりするには、走り続けるのがいちばんの方法である。

中足骨痛

足病学に基づく治療は、中足骨痛の緩和にもなる。足の縦アーチが低下すると（扁平足として知られる）、常に特定の骨で着地する。それによって周囲の靭帯が引っ張られることから、極度の痛みが生じる。しかし、運動中、適切なサポートをアーチに施し足の内在筋を補助することで、痛みが消失することもある（第4章参照）。

疲労骨折

骨に関連する痛みは軟部組織の痛みよりも深く、鎮痛剤もさほど効かない。骨の痛みの原因として特に重要なのは、いわゆる「疲労骨折」である。ランナーの疲労骨折が最も多く生じる部位（脛骨と腓骨）を**図9-3**に示す。こうしたタイプの骨折は、金属疲労や磁器のひび割れにもたとえられる。間違いなく骨折している場合でも、その反対面は表面張力や軟部組織の結合によりつながっている。

この種のケガの特徴は、痛みが「クレッシェンド」することにある。つまり走る距離が増えるほど悪化する。他の部位にも生じるが、いちばん多く発生するのが下腿や足である。そして痛みは走り終わって初めておさまる。しかし次に走るときは、痛みはより早く生じ、増悪も早まる。こうした痛みを無視していれば、完全骨折につながり、骨折に由来するあらゆる障害の可能性がでてくる。しかも治癒には疲労骨折の少なくとも2倍の時間がかかる。したがって、疲労骨折の疑いがあり、上記のような状態のランナーには、直ちにランニングを中止して確定診断を受けることを強く勧める。確定診断には、X線撮影か骨スキャン、できれば両方を用いるべきである。

足底筋膜炎

足底筋膜炎になると、しばしばランニングがまったくできなくなるほどの痛みが生じることもある。膜状の線維組織である足底筋膜は、中足骨頭と踵骨にある付着部（アキレス腱に近接する：**図9-4**参照）の間を走行している。足底筋膜の最も弱い場所は踵部であり、この踵部が損傷を受ける。踵の裏が軽くどこかに触れるだけで、びくっとしてしまうのが、足底筋膜炎を患う人の、典型的なパターンである。本章で紹介するエクササイズを行っても効果が上がらない場合、医師にステロイド注射を受けると、治癒することもある。しかし、もっと長期的にきちんと解決するならば、なぜケガが生じ

たのか、原因をつきとめ、解決に取り組むことである。

　ではなぜ足底筋膜炎は起きるのか？　ほかのランニング障害と同じく、その理由には、きわめて特異的なものと、きわめて一般的なものとがある。ランナーは全員、同じ理由で足底筋膜炎を患うわけではないが、患っている事実は同じである。たとえば、アーチの高いランナーがアーチの低い人向けのプロテクト機能の高いシューズを履いた場合がある。アーチが高いにもかかわらずアーチサポートのシューズを履くと、足底筋膜が圧力を受けてつぶれてしまうか、空いているスペースに滑り込む。そうすると足底筋膜に微細な断裂が生じたり、付着部である踵骨底部から筋膜が引っ張られたりする。その他の例では、ふくらはぎの筋肉が慢性的に硬い場合もある。この場合は、ふくらはぎの筋肉が硬いことによって、ふくらはぎに付着しているアキレス腱が硬くなり、さらにそれによって足関節が持つ背屈する能力が失われる。そして、背屈しない足関節によって足底筋膜が硬くなり炎症を起こす、というわけである。

　端的に言えば、足底筋膜炎の原因は無数といっていいほどにある、ということだ。しかし、それとは対照的に、治療の選択肢はきわめて限られている。しかもそれが効果的であるとも限らない。コル

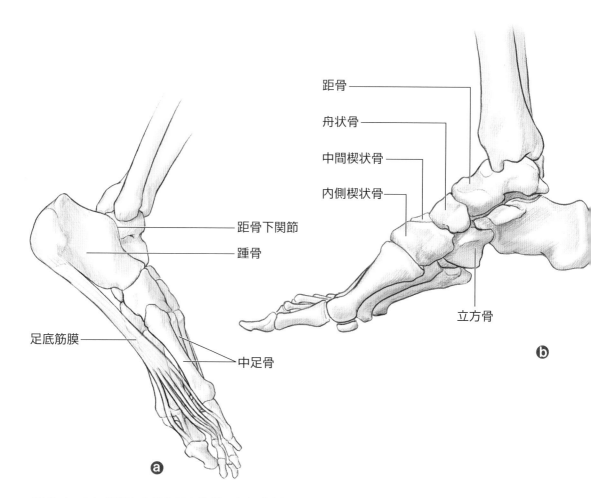

距骨
舟状骨
中間楔状骨
内側楔状骨
立方骨

距骨下関節
踵骨
足底筋膜
中足骨

図 9-4　（a）足裏から見た足底筋膜　（b）内側

チゾン注射も効くかもしれないが、足底筋膜が足の長さの分だけ広がっており、踵に付着していると考えると、正確にはどこに注射するべきなのだろうか？　また、夜間装具を着けてふくらはぎの筋肉をストレッチするという治療もある。しかし、ふくらはぎの筋肉とアキレス腱は直接足底筋膜に連結しているわけではないので、このアプローチでも確実に問題が解決するわけではない。アーチサポートをするという方法も理に適ってはいるが、そのサポートは正確な形状をしているのか、そしてそのサポートによって足の本来のバイオメカニクスが変わるのだろうか、という疑問がある。

　足底筋膜炎への対処としては、足全体、足関節、ふくらはぎの筋群をストレッチし、強化するのが、おそらくいちばん賢明だろう。できるなら、硬いゴムボールやゴルフボール、あるいは表面が丸く、ある程度の硬さのある物の上で足を転がすと、場合によっては筋膜の癒着が除去できることもあるので、ケガのリハビリを始めるにはいい方法である。また、第4章で紹介したエクササイズのなかにも、足底筋膜のストレッチや強化になるものがある（ヒールレイズ、アンクルウエイトを使ったドルシフレクション）。こうしたエクササイズを行えば痛みのないランニングができるようになる（と願っている）。

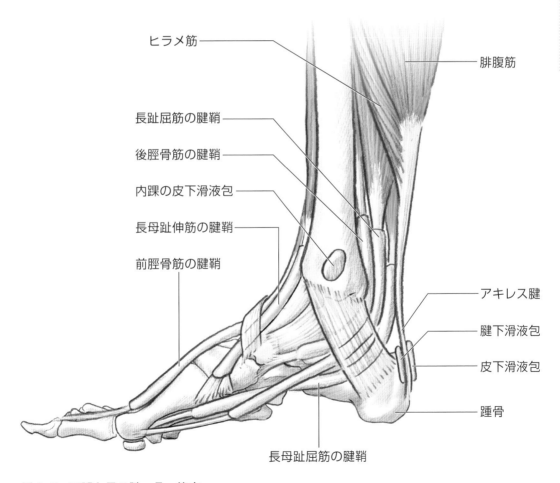

図9-5　下腿と足の腱、骨、筋肉

アキレス腱のケガ

アキレス腱（**図 9-5**）などの腱は、十分に血流が供給されない組織のため、障害を受けると治癒は遅れる。腱の障害に対する診断は難しくないかもしれない（不注意に伸ばしたときなどは特に、局所的に痛みがあったり硬くなったりするため）が、その治療についてはさまざまな意見がある。現時点では、ある程度治癒が見られたあとに、広範囲をストレッチし伸張性収縮運動をする、という療法が優勢である（しかし、すでに微細断裂するほど伸ばされた筋肉や腱をすぐにストレッチするのはよくない）。こうしたストレッチは、治癒したあとでも再発防止のため、止めずに繰り返し行うことが必要である。ストレッチを効かすには、痛いというよりも、きついと感じる程度にすべきである。そして、15 〜 30 秒保つ。急な動作は避け、（大腿四頭筋のストレッチを片足立ちで行うときのような）不安定な姿勢では行わないようにすること。

アクティブ・リリース・テクニック

目下、ランナーの軟部組織のケガに対する治療法として最も成功しているのは、アクティブ・リリース・テクニック（ART）である。その名が示すとおり、ART の根本理論は軟部組織をアクティブテクニック（能動的動作を用いるテクニック）によって処置することにあり、軟部組織を瘢痕組織や筋膜癒着によって悪化させることなく、意思通りに機能できるようにする。ART は筋骨格系の愁訴において瘢痕組織の癒着除去に最も有効な方法である。瘢痕組織が癒着すると、筋肉により発生する力が減少するため、筋肉の機能は低下し、関節可動域も減少する。ART は単一の筋肉または近接する複数の構造に働きかける治療であり、圧迫とその場所に合わせたテンションを組み合わせて用いることで、瘢痕組織の癒着を除去する。

詳しく説明する。たとえば大腰筋である。大腰筋は最も重要な股関節屈筋であり、股関節が関わるランニング障害に最も関与することの多い筋肉である。大腰筋が障害を受けると、機能的に弱くなり、ランニング動作での股関節の伸展が阻害される。大腰筋に対する ART の治療では、患者は横向きに寝て、上側の膝を曲げる。プロバイダーと呼ばれるARTの施術者が癒着にテンションをかけるあいだ、患者は能動的に、伸ばしているほうの脚を使って股関節を伸ばす。そして限界まで伸ばしたときのテンションによる破壊が、瘢痕組織の癒着をなくす。この癒着の喪失つまりリリースは、患者もプロバイダーも感じることができる。治療効果は重症度によっては直ちに得られることもある。ART はこうして、関節複合体における筋力や可動域の低下の問題を解決する。

グラストンテクニック

グラストンテクニックも、軟部組織の自然な機能を阻害する筋膜の癒着と瘢痕組織を除去する治療法である。ART と違うのは、施術者の手ではなく金属の道具を使うところにある。そのためグラストンテクニックは器具補助軟部組織可動法（Instrument Assisted Soft Tissue Mobilization：IASTM）に分類される。グラストンテクニックは、古代中国の刮痧（グアシャ）療法までその起源をさかのぼることができる。専用器具でターゲットとなる軟部組織をこすると、患者は不快感を催すはずである。

治療した場所が直ちに変色することもしばしばある。これは治療した組織への血流によるものであるが、この事象を内出血の原因である毛細血管の破裂と混同してはいけない。グラストンテクニックの、こする施術は、痛みを伴うこともあるが表面的なものであり、変色も 48 〜 72 時間のうちにはおさまるはずである。

フォームローラー

フォームローラーは今やランナーにとっては「マストアイテム」になっている。実際、これからランニングにシリアスに取り組みたい人にとっても、すでにシリアスランナーである人にとっても、フォームローラーは必需品である。基本的に、フォームローラーは大きな筋群を乗せて揉むためのしっかりとした土台である。肥厚した軟部組織のいわゆる「結び目」の治療に使われることが多い。しかしながら、フォームローラーは力を必要とし、正確さに欠けるメソッドのため、十分に筋肉を変形させたり、小さな筋膜の癒着を分解したりすることはできない。小さい場所にはトリガーポイントボールのほうが効くが、これにしても、圧力が十分ではなく、著しい緩和にはならない。

フォームローラーはウォーミングアップとしても使われる。関連する部位をフォームローラーの上で動かし、ターゲットの部位に向けて血流を作る。フォームローラーを使おうと思うなら、ケガをしていない部位で練習してテクニックのこつをつかむこと。ほかの治療との併用でケガからの回復を目指す場合、最初に転がすときに痛みがある。圧力をかけていくと、それに応じて痛みも増すが、マッサージ効果が現れてくると、おさまるはずである。何事にも言えることだが、経験と練習に代わるものはない。

ケガ予防のためのトレーニングガイドライン

まず軽いウオーキングかランニング（ケガに影響がなければ）でウォーミングアップを行ってから、ストレッチをする。ストレッチの目的が硬くなった腸脛靭帯症候群のリハビリの場合は、走ることはできないため、10 分間ウオーキングか脚のウォーミングアップのためのエクササイズを行い、血流を促進させる。

ランニング障害に効くと考えられている治療法はおびただしいほどあり、その施術方法も多数存在する。ストレッチの目的ひとつとっても、議論は大きく分かれる。それ以外に専門家が最もよく質問を受けるのは、ストレッチの頻度、部位、姿勢を維持する秒数である。本書の主題は解剖学と筋力トレーニングである。よって、ストレッチの大部分については、徹底的な調査を読者自身に委ねたい。本章では効果的なストレッチのエクササイズをいくつか紹介するが、読者には、ランニングトレーニングの一部として独自のシステムを編み出す力があると思う。これをふまえたうえで、本書の筋力トレーニングやリハビリのエクササイズを試してほしい。そして、今までの自分の経験から効果がすでに判明しているエクササイズで、本書のエクササイズの補完をしてもらいたい。

ITB（腸脛靭帯）ストレッチ
ILIOTIBIAL (ITB) STRETCH

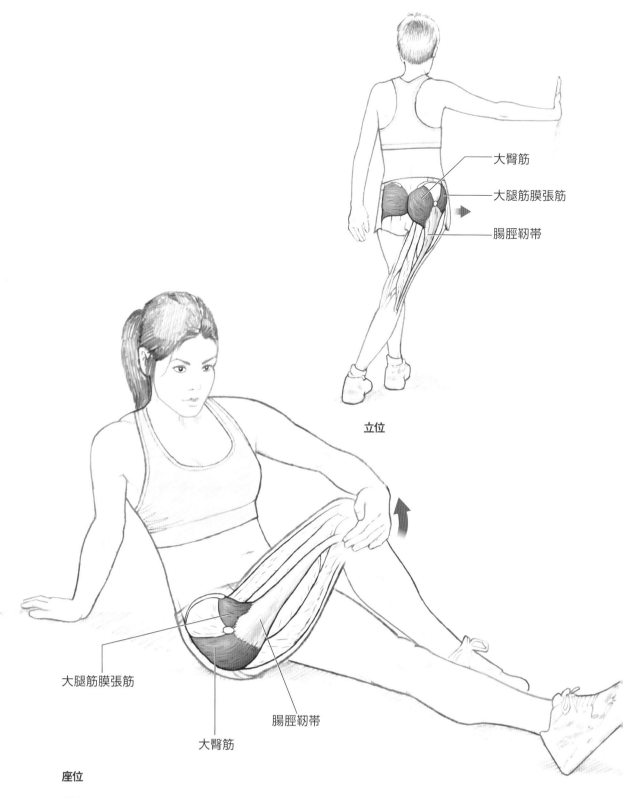

大臀筋

大腿筋膜張筋

腸脛靭帯

立位

大腿筋膜張筋

腸脛靭帯

大臀筋

座位

エクササイズ（立位）

1. 壁に横向きに立ち、外側の脚を内側（壁に近いほうの脚）の脚の前で交差させる。壁を内側の手で押さえて身体を支える。
2. 内側の股関節を壁に向けて傾け、できれば壁に触れるようにする。両足は床につけたまま行う。
3. この静的ストレッチを 15 〜 30 秒維持する。何回か繰り返してから、反対側を行う。

エクササイズ（座位）

1. 床に座り、一方の脚を伸ばし、他方の脚を膝の上で交差させる。交差させたほうの膝は床から離れているが、足は床につける。この膝関節を反対側の手で支える。
2. 曲げたほうの膝の外側を、反対側の脇の下に向かって軽く押す。
3. この静的ストレッチを 15 〜 30 秒維持する。何回か繰り返してから、反対側を行う。

動員される筋肉

主動筋：大臀筋、大腿筋膜張筋

動員される軟部組織

主要な軟部組織：腸脛靭帯

ランニング・フォーカス

　腸脛靭帯が硬くなるのは通常、過回内ではなく回外が原因である。足が内返しすることでふくらはぎが硬く、膝の外側が痛くなり、さらに腸脛靭帯も硬くなることがある。回内する人でもプロテクト機能の高いシューズや足装具で過度に矯正された結果、基本的に回内しなくなり、腸脛靭帯炎になることがある。腸腰筋のストレッチは立位、座位のどちらとも、軟部組織の厚いバンドが大腿外側上顆との接点でこすれるのを防ぐ。このストレッチは 1 日に数回行ってもよい。

プロプリオセプティブ（固有感覚）・スタンディングバランス
PROPRIOCEPTIVE STANDING BALANCE

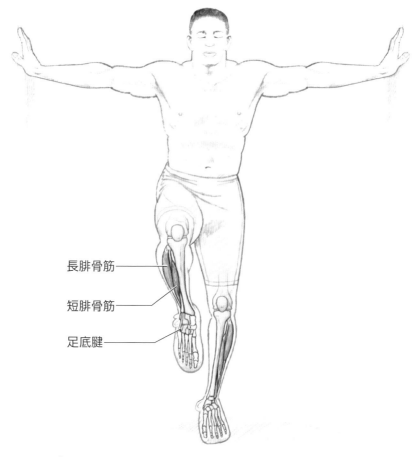

長腓骨筋

短腓骨筋

足底腱

エクササイズ

1. 左右の2つの壁の間に立ち、両腕を肩の高さに上げて両外側に伸ばしバランスをとる。壁を使ってバランスをとらないこと。ただし転ばないようにする場合は除く。
2. 一方の膝を、股関節の角度が90°、脛骨が大腿骨に対して垂直になるまで引き上げる。両目を閉じる。
3. この姿勢を15～30秒維持する。脚を下ろし、他方の脚で同じことを繰り返す。これを何回か行う。

動員される筋肉

> 主動筋：長腓骨筋（ちょうひこつきん）、短腓骨筋（たんひこつきん）

動員される軟部組織

> 主要な軟部組織：足底腱（そくていけん）

ランニング・フォーカス

　このエクササイズには運動生理学的な要素と神経筋の要素の両方がある。正しくバランスをとれるようになるまでは、少し時間がかかるかもしれないが、足と下腿は平衡状態を見つけようと働くため、すぐにバランスがとれなくても、エクササイズの効果は得られる。

スタンディング・カーフストレッチ
STANDING CALF STRETCH

ポイント
はずみをつけたり、アキレス腱
に体重をかけ過ぎたりしない。

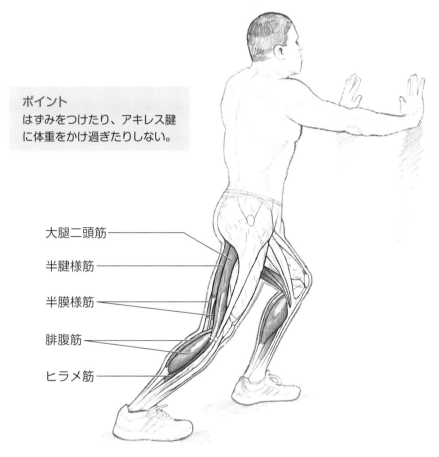

大腿二頭筋

半腱様筋

半膜様筋

腓腹筋

ヒラメ筋

エクササイズ

1. 壁に向かって立ち、一方の脚を後方に伸ばし、足裏は床につける。他方の脚は曲げて股関節の真下で足裏を床につける。両腕を胸郭上部の高さに上げ前方に伸ばし、肩幅に開いて手を壁につける。

2. 壁を軽く押し、伸ばした脚の踵で徐々に床を押していく。腓腹筋が伸びているのを感じるはずである。

3. 15 〜 30 秒の静的ストレッチを何回か繰り返す。その後、他方の脚に替える。あるいは 1 回ごとに替えてもよい。

動員される筋肉

主動筋：腓腹筋、ヒラメ筋、ハムストリングス（半腱様筋、半膜様筋、大腿二頭筋）

ランニング・フォーカス

ニュートラルな回内の足、あるいは回内しない足は、ふくらはぎが硬くなることが多い。このストレッチをすると、慢性的なふくらはぎのケガからくる痛みの緩和につながる。また、ふくらはぎの筋肉を柔軟に保つことで、ケガの予防にもなる。

スタンディング・ヒールレイズ・
エキセントリック（伸張性）・コンポーネント
STANDING HEEL RAISE WITH ECCENTRIC COMPONENT

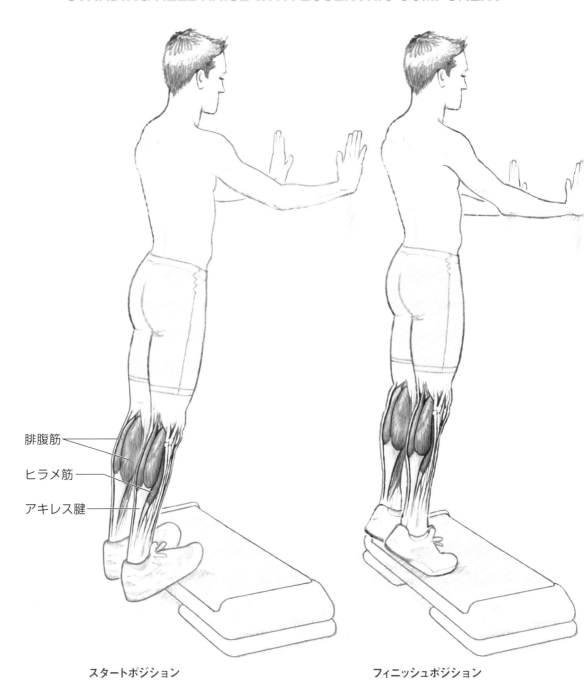

腓腹筋

ヒラメ筋

アキレス腱

スタートポジション　　　　　　　　　フィニッシュポジション

ポイント
無理に背屈させない。そうするとアキレス腱に負荷がかかり過ぎる。

エクササイズ

1. 両足をステップ台の上に乗せる。踵がステップ台からはみ出した状態である。両手で目の前の壁を押す。
2. 中足骨頭部で立ち、完全に足を底屈させる。
3. 踵を徐々に下ろして完全に足を背屈させる。

動員される筋肉

主動筋：腓腹筋、ヒラメ筋

動員される軟部組織

主要な軟部組織：アキレス腱

ランニング・フォーカス

　このエクササイズでは、ふくらはぎの筋肉に、底屈のあいだは求心性（短縮性）の収縮、背屈のあいだは伸張性（遠心性）の収縮をさせる。第4章で説明したとおり、伸張性、つまり遠心性の要素の動作が加わると、ふくらはぎとアキレス腱のエクササイズの価値が高まる。いくつかの研究により、伸張性の要素のある運動を行うと、ケガの治癒に要する時間を短縮できることが、明らかになっている。

シーテッド・ストレートレッグ・エクステンション
SEATED STRAIGHT-LEG EXTENSION

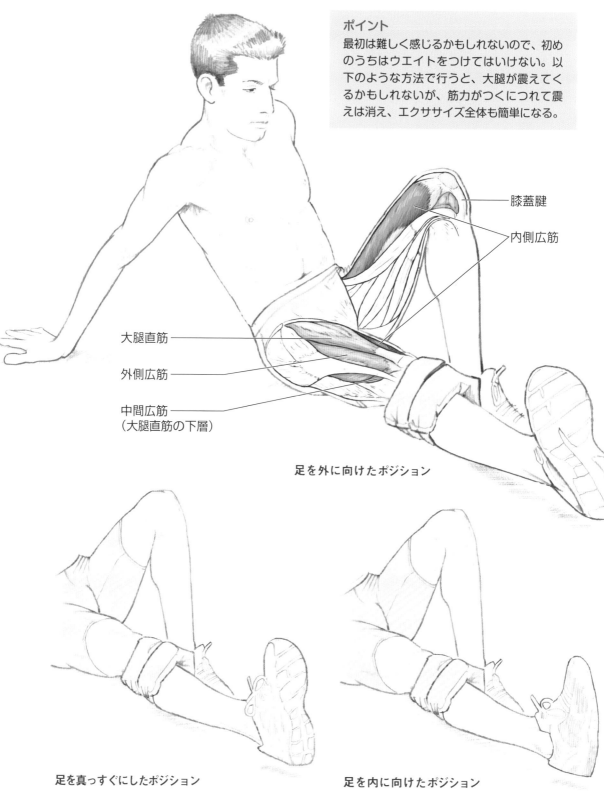

ポイント
最初は難しく感じるかもしれないので、初めのうちはウエイトをつけてはいけない。以下のような方法で行うと、大腿が震えてくるかもしれないが、筋力がつくにつれて震えは消え、エクササイズ全体も簡単になる。

膝蓋腱

内側広筋

大腿直筋

外側広筋

中間広筋
（大腿直筋の下層）

足を外に向けたポジション

足を真っすぐにしたポジション

足を内に向けたポジション

エクササイズ

1. 床に座り両腕を後方について身体を支え、一方の脚を伸ばす。初期の段階では、動かす脚にウエイトはつけないが、慣れてきたら筋力向上のために徐々にウエイトを増やしていってもよい（4.5kg まで）。

2. 伸ばしたほうの足を外側に向け、ゆっくりと脚を上げる。脚は真っすぐに伸ばした状態を維持するが、膝は過伸展させない。上げる高さは 15㎝までである。上げたら 10 秒維持し、その後、ゆっくり足関節を床まで下ろし、休ませる。

3. これを同じ足のポジションで 10 回繰り返す（3 種のポジションで合計 30 回になる）。足のポジションを変えることで大腿四頭筋をむらなく働かすことができる。

動員される筋肉

主動筋：内側広筋

補助筋：大腿直筋、中間広筋、外側広筋

動員される軟部組織

主な軟部組織：内側側副靭帯、膝蓋腱

ランニング・フォーカス

　もし、膝痛のランナーお断り、などというスポーツクリニックがあったとしたら、閑古鳥が鳴くだろう。大腿四頭筋を全体的に鍛えることばかりに重点を置き、膝を安定させ膝蓋大腿部痛を防ぐ内側広筋の働きを理解できていない指導者が、多すぎるのだ。筋力とパワーを高め、膝前部痛という悪魔をはらうには、このエクササイズが最も効果的な方法である。

ニー・トゥー・チェスト・ストレッチ
KNEE-TO-CHEST STRETCH

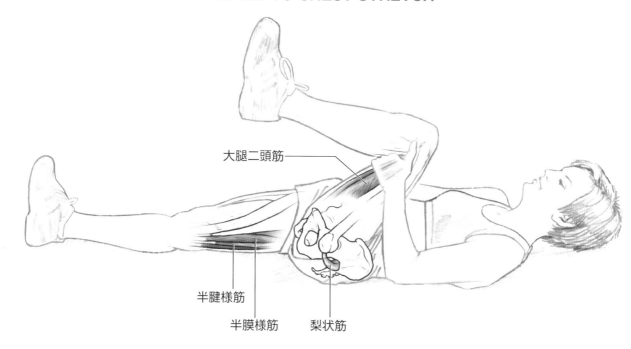

大腿二頭筋

半腱様筋

半膜様筋　　梨状筋

エクササイズ

1. 仰向けに寝る。身体がしっかりと安定し、なおかつ寝心地のよい場所を選ぶ。

2. 大腿四頭筋を使って一方の膝を持ち上げ 90°に曲げる。膝裏を両手でつかみ、胸のほうに引き寄せる。そうすると腰の最下部と臀部の上部が伸びているのを感じる。これと同時に、他方の股関節がつられて屈曲しようとする力に抵抗する。股関節は床面に押し付ける。

3. この姿勢を 15 ～ 30 秒維持し、5 回を限度に繰り返す。他方の脚で同じことを繰り返す。このエクササイズは 1 日に 2 ～ 3 回行ってよい。

動員される筋肉

主動筋：ハムストリングス（半腱様筋、半膜様筋、大腿二頭筋）

補助筋：梨状筋、脊柱起立筋（腸肋筋、最長筋、棘筋）

ランニング・フォーカス

　腰はランニングに欠かせない要素である、という事実は、痛みが起きるまでは、いつも無視されている。しかし、痛みが起きてからでは、修正するには遅すぎることもある。このエクササイズやこれ以降のエクササイズを行うと、腰部に柔軟性と筋力が加わる。柔軟性と筋力は、坂の上り下りに特に重要である。背中が傾斜の変化に十分対応でき、股関節と腰に柔軟性があれば、ストライド長も伸びる。ストレッチのエクササイズすべてに言えることだが、このエクササイズは、痛みは感じないが、きつい程度まで行うことを目的とする。

ウォールプレス
WALL PRESS

エクササイズ

1. 壁に向かい、45㎝ほど離れて立つ。両足は肩幅に開き、つま先は内側を向ける。
2. 骨盤を壁に押し付ける。ヒラメ筋をいちばんストレッチできるよう、壁との距離とつま先の角度を調整しながら行う。踵は床につけたまま離さない。
3. このストレッチの状態を 15 ～ 30 秒維持する。その後、繰り返す。

腓腹筋

前脛骨筋

ヒラメ筋

動員される筋肉

主動筋：ヒラメ筋、腓腹筋、前脛骨筋

ランニング・フォーカス

　シンスプリント、つまり下腿前面に広がった痛みは、軟部組織か骨（特に脛骨）が関わると考えられる。どちらの問題もたいていは過回内が原因である。しかし、軟部組織の変化は通常、中足部の水平面における外転に関連している。このエクササイズを行うと、腓腹筋の前方にある筋肉の痛みを防ぐことができる。1 日に何回も行ってもよい。また、習慣的に行うと効果的である。

アンクル・プランターフレクション
ANKLE PLANTAR FLEXION

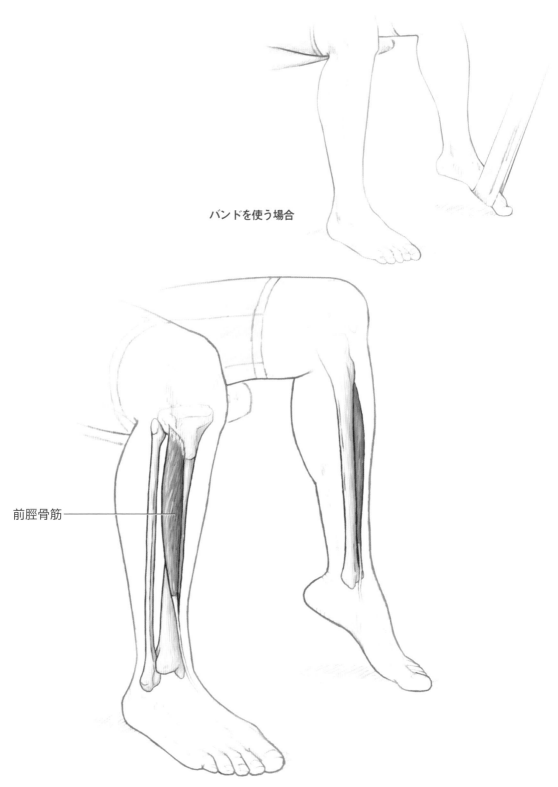

バンドを使う場合

前脛骨筋

エクササイズ

1. 座り心地がよく背もたれの硬い椅子に真っすぐに背筋を伸ばして座る。動かすほうの脚は最初、床に足裏をつけておく。椅子の高さにもよるが、膝を 45 〜 90°程度に曲げる。踵を床から離して上げ、バレエダンサーのつま先立ちのように、足を内返しにする。この姿勢を 15 秒維持する。10 回を限度に繰り返す。1 日に片足ずつ 2、3 回行う。
2. セラバンドのような弾力性のあるバンドを輪の形にして、壁の上の動かない物に取り付ける。椅子はバンドが使えるような場所に置く。椅子に座り 1. と同様のストレッチをしたポジションをとり、バンドを中足部の壁からいちばん遠い場所にくくり付け、これを抵抗力として使う。足をゆっくりとした動きでさらに内返しにし、バンドの抵抗力に逆らって引く。これは前脛骨筋を強化するためである。この姿勢を 15 秒維持し、10 回を限度に繰り返す。これを 1 日に片足ずつ 2、3 回行う。

動員される筋肉

主動筋：前脛骨筋（ぜんけいこつきん）

ランニング・フォーカス

　前脛骨筋の重要性は、足関節や足に与える適応性にある。前脛骨筋は、凹凸のある路面を走るとき、安定性を高めるために多く動員される。それは、前脛骨筋が、足、ひいては脚のポジショニングの調節を助けるからである。よって、長い坂道や、起伏のある不整地を走るときには、使われることが多くなる。前脛骨筋は鍛えられていないと急激に疲労するため、ペースダウンにつながると同時に足関節を捻挫するリスクも増す。しかし、前脛骨筋を強化すれば、回内と回外を最小限に抑えることができる。

ボールローリング
BALL ROLLING

エクササイズ

1. 両腕を身体の脇に垂らし、バランスのとれるよい姿勢で立つ。床に置いたラクロスボールを、力を入れて踏む（好みによっては、ゴルフボールでもよい。ゴルフボールのほうが細かく効かせることができる）。
2. 足の下でボールを前後左右に転がす。中足骨頭部まで続くアーチの部分を重点的に転がす。踵には特別に注意を払う。
3. 30秒転がしたら他方の足に替える。

動員される筋肉

主動筋：足底筋膜（そくていきんまく）

ランニング・フォーカス

　足底筋膜炎とこのリハビリテーションについては、本章の前半ですでに述べた。ボールローリングは障害予防にもなる。過去に足底筋膜炎になったことがある、あるいは起床直後立って歩き出したときに、硬い張りや痛みをアーチに感じたことがあるというのであれば、このエクササイズを行う。ゴルフボールを使えば、ターゲットとなる足底筋膜の場所をさらに正確に絞れるが、ゴルフボールはラクロスボールよりもはるかに足の下から転がり出やすい。このエクササイズの利点の1つは、足にかける身体の重さを加減することで、圧力をコントロールできることにある。

足底筋膜

第10章

ALTERNATIVE TRAINING ACTIVITIES

代替トレーニング

　第4章から第8章までは、部位別の筋力トレーニングと、レジスタンス・エクササイズを正しく行ったときの効果について述べた。本章で取り上げるのは、これらの筋力トレーニングを補完する、従来とは異なる形式のランニング・トレーニングである。つまり、ウォーターランニング、抗重力トレッドミル、パフォーマンス向上ツールとしての高地トレーニングである。このような代替トレーニングは、ケガを減らすこと、有酸素性体力を向上させること、という2つの面でパフォーマンスアップを支える。

　反復性で衝撃の強いランニング動作により、筋骨格系にはケガのリスクがつきまとうが、ウォーターランニングと抗重力トレッドミルランニングはそのリスクを減らすことができる。このどちらかを、地上のランニングの代わりに行うことで、心呼吸系への刺激を失うことなく、計り知れない衝撃の力から身体を守ることができる。こうして、長い走行距離の衝撃に耐えることが可能になるのである。この種のトレーニングは、ランニング・エコノミーの向上にもつながり、（回復中、適切なタイミングで行われれば）ケガからの回復も助ける。

　高地トレーニング（単に低酸素マスクを使うのではなく、実際に高地で過ごすこと）は、有酸素性の能力を劇的に向上させる。高地トレーニングの要素をトレーニングプランに取り入れれば、赤血球数が増加し、毛細血管の発達によって筋肉に運ばれる酸素の量も増える。

ウォーターランニング

　これまで、地上でのランニングが不可能なケガをすると、たいていの場合は心呼吸系の体力を維持するためのリハビリとして、ウォーターランニングが勧められてきた。しかし、ケガのリハビリだけが水中トレーニングの効能だと思い込んではいけない。有酸素性のランニング・トレーニングが多すぎると、オーバーユースによるケガを引き起こすが、ウォーターランニング、特にディープ・ウォーター

ランニング（DWR）は、そうしたケガを予防する強力なツールなのである。しかも、水中で走ると脚はどうしても水の抵抗を受けるため、従来のランニング・トレーニングにはない、筋力トレーニングの要素も組み込まれる。

　DWR の代わりとなるのは、シャロー（浅い）・ウォーターランニングであるが、その効果はどちらかというと、フォームやパワーに関連するものである。こうした要素を向上させるのも重要ではあるが、シャロー・ウォーターランニングは、プールの底に足をつけなければならないため、犠牲を伴う。つまり、（水の密度によって緩和されるものの）着地衝撃という要素が含まれるのである。よって、仮にシャロー・ウォーターランニングを下腿のケガのリハビリとして行うとすれば、リスクが生じることも考えられる。しかしそれよりも問題なのは、足をつく動作が含まれるがゆえに、バランスをとりやすく、フォームを作りやすくなってしまう、ということである。これにより、DWR よりも、身体を安定させるために動員される体幹の筋肉が少なくなる。さらに、プールの底と足との接触時間が、DWR にはない足の休憩時間となってしまう。したがって本書では、水中で行うトレーニングとして DWR に焦点を当てる。

　DWR では身体の適正なポジショニングが重要である（**図 10-1**）。水深は、身体の大部分が浸かる程度でなければならない。水の上に出ているのは、肩の先、首、頭だけにする。足はプールの底につかない。そして、ランナーはたいていスイマーよりも脂肪の体積が少なく水に浮きにくいため、浮き具が必要になる。浮き具を身につけないと身体のポジショニングが崩れることもあるので、浮いた状態を保とうとして、上体と両腕の筋肉が必要以上に重視されるという懸念もある。

　水中で浮いたら、地上のランニングと同様のポジションをとる（悪い例については**図 10-2** を参照）。正しいポジショニングとは、頭が中央の位置にあり、腰からやや前傾し、胸は「偉そうに」張って、両肩を後ろにひいた（前に回転させない）状態である。肘は 90°に曲げ、肩で腕を動かす。手首は中間位にし、手先は固く握りしめないが、地上のランニングよりは指を閉じる。これは

図 10-1　DWR の正しいポジショニング

水の抵抗力に逆らって前に進んで行くためである。この手のポジショニングは、リストカールやリバース・リストカールで筋力をつければ、うまくできるようになる。

　DWRの脚の動きは、水の密度によって生じる抵抗力に打ち勝つ推進力が必要なため、有酸素走よりも速いペースのランニングに似ている。膝は股関節の位置まで引き上げたときに、75°程度に曲がる。その後、脚を振り下ろしてほぼ完全に伸展させたのち（過伸展は避ける）、臀部の真下に引きつける。この動作を他方に脚で繰り返す。

　DWRの動作周期では、足のポジションが変化する。膝が振り上げられたときは屈曲しない状態（平らな面に立っているのをイメージする）にあるが、脚が完全に伸展したときは65°程度底屈（つま先が下を向く）する。こうして水の抵抗に逆らって足を動かすと、スムーズに力を使えるランニングフォームになり、足にかかる抵抗に勝つことで、関節の安定性と筋力が促進される。

　普通ではないトレーニング環境（水中）と、腕や脚を動かすときに生まれる抵抗力の影響から、DWRの初歩段階では不適切なフォームになりがちである。なかでも多いのが、パントタイプ（訳者

図10-2　DWRの間違ったポジショニング　　　　　図10-3　DWRのスタンダードなフォーム

注：アメフトなどのパントキックのこと）のフォームである。これは第1章のドリルBのように脚を振り戻すのではなく、前方に蹴り上げてしまう動きである。このフォームの崩れはハムストリングスが水の抵抗によって疲労したことが原因である。これを修正するには、疲労が出てきたところで次の1本を走らずに休み、設定時間で走れるようになるまで待つことである。そのままやり続けようとはしないこと。体力は身につかずに、悪いフォームが身についてしまう。

図10-3に、水のない地上でのランニングフォームにきわめてよく似た形を示した。これが、水中でトレーニングをしながら正しいランニング動作をスムーズにできるようにする、最もよい形である。膝を高く上げる形もあるが（図10-4）、正しいランニングフォームを細かいところまで再現する効果では劣る。ステアクライマーのフォームには非常に似ているが、持ち上げる動作以外にランニングの動作はほとんどないため、筋肉の動員もきわめて少ない。

図10-4　DWRのハイ・ニー・フォーム

DWRが効果的である理由は、地上のランニングと同様に心拍数を上げられることにある。しかしそれだけではない。脚が水にとられるぶん、筋肉がさらに動員され、地上のランニングよりも筋力を強化することができる。しかも、地上で同じようなトレーニングをすればオーバーユースでケガをすることがあっても、DWRならばそのリスクはない。特に、地上のランニングで受ける、無数の接地衝撃を減らすことができる。

DWRはランニングのトレーニングプランに組み入れやすい。有酸素走・LTランニング・$\dot{V}O_2max$強度のランニングの代替トレーニングとして、あるいは補助的なトレーニング（例：1日のうちの2回目のランニング）として行うのである。ペースのコントロールは、脚の回転を速くしたり遅くしたりすることで容易にできるため、心拍数や主観的運動強度に基づき強度を調節するのは簡単である。いくつかの研究によって、水中ランニングでの心拍数は、地上のランニングよりも約10％少ないこ

とがわかっている。したがって、水中ランニングでの 150bpm（拍／分）は、地上のランニングでの 165bpm に相当する。しかも、水中では筋肉の動員が増え、そしてたいていのプールでは水温が高いため、主観的強度は水中のほうが高くなる。

しかしほとんどのランナーにとっては、1時間もプールで走るのは退屈だろう。よって、地上のイージーランニングの代替トレーニングとして行うのであれば、50分間を勧めたい。DWR トレーニングの主眼は、ファルトレク（訳者注：地形を利用して自由にスピードを変化させる練習）やインターバル形式の練習に置くべきである。また、きつい動きを何度も繰り返すのは地上でのスピード練習に似ているが、着地の衝撃がないため毎週行ってもよい。以下に DWR のワークアウトを2例示す。

例1：LT ワークアウト

このワークアウトの目的は血中乳酸濃度を高めることにある。1分のレストでは十分な回復にならないため、各セットの最後には筋肉の疲労が大きくなるはずである。結果的に楽な強度のワークアウトにはならないが、本当のスピード練習でもない。

ウォーミングアップ：イージーランニング 15 分 + 5 km レースペース（主観的強度）30 秒 × 4

［10km レースペース（主観的強度）10 分 + リカバリージョグ1分］×2

［10km レースペース（主観的強度）15 分 + リカバリージョグ1分］×1

クーリングダウン：イージーランニング 10 分

例2：V̇O₂max ワークアウト

このワークアウトの目的は 5km レース強度の刺激を与えることである。ランニングの速度は水中では再現できないため、このワークアウトでは、主観的な強度を重視する。そのためには心拍数を数えてもよい。あるいは、LT テストの結果から自分のトレーニングゾーンがわかっていて、なおかつ防水のハートレートモニターを持っているのならば、正確な強度を再現することができる。毎回正しいフォームで走れるように、レストを設ける。地上のランニングと同じように、DWR でも身体のポジショニングはランニングの効率の点で重要な要素である。正しいポジショニング（本章の前半で示したとおり）で行えば、ワークアウトの生産性も上がる。このエクササイズは、トレーニングを積んだランナーにとっては「ややきつい」強度、初心者にとっては、「きつい」強度である。

ウォーミングアップ：イージーランニング 15 分 + 5 km レースペース（主観的強度）30 秒 × 4

［5km レースペース（主観的強度）2分 + リカバリージョグ2分］×5

［5km レースペース（主観的強度）3分 + リカバリージョグ3分］×3

［5km レースペース（主観的強度）2分 + リカバリージョグ2分］×3

クーリングダウン：イージーランニング 10 分

抗重力トレッドミル

抗重力トレッドミルは、空気を注入した袋に両脚を入れる（それでも正しいランニング動作の邪魔にはならない）ことで、体重の何パーセントかを取り除き、「重力を減らす」マシンである。重力を減らす割合は調整が可能である。よって、ケガの不安に対応することもできるし、通常より速く走る

こともできる。その結果、地上で行う従来の遅いランニングではあり得ない、神経系の変化や心血管系の適応が可能になる。

　仮に、トレーニングを積んだランナーが、地上のトラックで次のようなインターバル・トレーニングを行うとする：

　　［400m（90秒）＋リカバリー1分］×8

これを、重力を体重の85％に設定した抗重力トレッドミルを使って行えば、400mのペースは82〜84秒程度になると思われる。15％体重を取り除くことで、地上のランニングや通常のトレッドミルよりも速く走ることができるのである。ペースの変化に伴って神経系が変化すると（生化学的変化が呼吸の適応も可能にするため）、上昇したペースにも、はるかに速くなった脚の回転にも、適応することができる。しかしさらに重要なのは、着地の負荷が劇的に軽減されるため、回復時間も短くなるということである。これによって、より強度の高い練習をより短い期間内に行うことができる。

　抗重力トレッドミルは、ケガ（たとえば足のケガ）のリハビリ中も走りたいというランナーにとっても、有用なツールである。この場合、ランナーは通常よりも速く走るのではなく、体重の75％に重力を設定して同じ練習を行う。そうすると体重によって接地時にかかる力は25％減少する。この練習は、抗重力トレッドミルを、速くなるためではなく、故障中でもスピードと体力を維持するために使う例の1つである。

　もちろん抗重力トレッドミルをジムで見かけることは、めったにない。あるのは、理学療法やリハビリセンターなどである。最低価格でも35,000ドルするので、そうそう自宅用に買うというわけにもいかないが、もし使えるのであれば、抗重力トレッドミルは、ケガの予防、ケガ後のリハビリ、パフォーマンス向上に有用なトレーニングツールになる。

高地トレーニング

　海抜600mよりも高い場所では、高地順化をしていないランナーのパフォーマンスは、マイナスの影響を受けるが、その理由は血中酸素濃度の低下にある。しかし、高地は低地よりも酸素が少ないということではなく、気圧が低いのである。よって、肺を通り抜け血液に到達する酸素量が減る。

　このようなコンディションがなぜ、高地で暮らしたり、トレーニングをしたりするランナーの助けになるのだろうか？　実はそもそも、助けにはならない。実際には、血中酸素濃度の減少に身体が適応するまでは、海抜0mの場所よりもはるかにタイムは遅くなると考えていい。特にパフォーマンスを阻害するのは$\dot{V}O_2max$（高強度のトレーニング中に利用できる酸素の最大量）の低下である。これまでにさまざまな研究が行われた結果、海抜が300mを超えた以降は、300m上昇するごとに2％$\dot{V}O_2max$が落ちるということが示されている（海抜0〜300mまでは、自覚できるパフォーマンスの変化はほとんど、あるいはまったくない）。したがって、海抜0m（あるいは300m以下）での1km4分30秒は、海抜1,500mでの1km4分52秒に相当するということになる。同様に計算すると、海抜300m未満での1km5分は、海抜1,800mでは1km5分30秒になる。これは大きな違いである。そ

して当然自分のペースについていけないとなると、大いに落ち込むことになる。おまけに相当苦しい。

しかし何カ月間かトレーニングをすると、身体は空気中の酸素欠乏に適応する。赤血球の産生を増やすこと（そしてより多くの酸素を運搬すること）と、毛細血管を増やすこと（そして増えた赤血球を通すこと）が、それを可能にするのである。そのうえ、肺が大きくなる。しかし、こうした生理学的な変化があっても、海抜300m未満でのタイムと同じタイムで長距離のトレーニングやレースを走ることは、不可能でないにしても、難しい。その代わり、高地でのトレーニング効果は低地でのレースやトレーニングに現れる。高度が下がるにしたがい気圧が上がっても、高地で得た効果はすべて残る。毛細血管密度や赤血球数、酸素量の向上は、そのまま体力の向上を意味する。しかし残念なことに、この効果の命は短い（数週間という単位である）。

高地トレーニングのコンディションを再現する1つの案として、トレーニング中に低酸素マスク（吸入する酸素量を制限するマスク）を着用する、という方法がある。しかし、この方法がパフォーマンスの助けになることを証明した研究は、ない。実際は、マスクを着用しなかったときに発揮できるはずの走る能力（距離の長さや速さ）が制限され、パフォーマンスは低下する。低酸素マスクを運動用として長期間使用した長距離ランナーに、生理学的な適応は未だ見られていないことから、マスクを着用しないで走るほうが理に適っているようだ。

その他の代替トレーニング

有酸素性の代替トレーニング（サイクリング、水泳など）は、有酸素性能力と神経筋の発達を向上させるため、ランナーにとって有益と考えられる。また、クロスフィットやHIIT（High Intensity Interval Training：高強度インターバル・トレーニング）を実際に行っている人からは、ランニングのパフォーマンスが向上するという声も聞かれる。こうした意見が長期にわたり専門家によって精査されたことはないが、人によっては、本来とは異なる形のランニング・トレーニングが効果を発揮することも、きっとあるだろう。

つまるところ、身体は刺激の変化に適応する、ということである。したがってランナーとして進化するには、これまでよりも、少しだけ遠くまで、少しだけ速く、走ることが必要である。そして、こうしたトレーニングを、プールか抗重力トレッドミル、または高地で行えばよい（あるいは高地のプールや、高地の抗重力トレッドミルで行っても一向に構わない）。これに、本書で紹介してきた筋力トレーニングを組み合わせれば、ランニング・パフォーマンスの向上に益すること間違いなしである。その理由はこれまでにすべて述べた。しかし、考え抜かれた代替筋力トレーニングも、異なる刺激となって効果を発揮するかもしれない。結局それを試すのは、読者本人である。本書で説明したような、ベストと言われる練習は、あくまで大多数のランナーにとってのベストである。しかしランナーは、1人ひとり個別の存在だ。その自分の個別性を理解することは、最も効果的なトレーニング方法を理解するために、必要不可欠である。

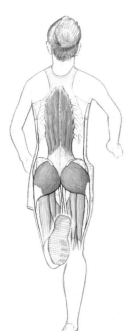

第11章

GEAR AND ADVANCEMENTS

ランニングギアと
進化

　本書を読み、第4章から第8章までに書かれた説明に従って筋力トレーニングを行い、第2章で紹介されたトレーニング理論を教義とし、第9章のケガ予防を実践する。そんなランナーでも、パフォーマンスアップのための努力が実を結ばない可能性はある。そしてその理由が、トレーニングで履いているシューズがよくない、あるいは足に合わない足装具（オルソシス）を使っているといった、単純なことである可能性もある。そこで本章では、特定の身体の動きに合わせたシューズの構造と目的、そして自分独自のニーズに適った、自分に合うフットウエアや足装具の選び方について概説する。さらに、ランニングの世界では単なる流行では終わらない、テクノロジーが果たす役割についても、考察する。

なぜランニングシューズを履くのか？

　ランニングシューズは、ランニングに役に立つ。なぜなら、バイオメカニクスを考慮し、走路面に合わせ、体重の3倍から4倍に達する衝撃に耐える、というニーズを満たすように、デザイン・製造されているからである。これを専門用語を使って言うと、シューズは人間の足をかたどったラスト、つまり木型を基にデザインされている、ということである。このラストの形状には、ストレートからカーブまでと、さまざまなものがあり、カーブの角度1つとっても多様である。こうしたラストを基にして、さまざまなランナーの足の形に合うシューズができるのである。

　ラストという言葉は、シューズの構造も指す。コンビネーション・ラストのシューズは、布で裏打ちされたアッパーが厚紙でできた踵部分に縫い付けられ、安定性を生んでいる。それに対し、スリップ・ラストのシューズは、アッパーが直接ミッドソールに縫い付けられ、柔軟性が確保されている。そしてフルボード・ラストのシューズ（踵からつま先までが厚紙でできている）は、最も安定性のある構造ではあるが、現在ではほとんど製造されていない。

カーブしたスリップ・ラストのシューズはアーチが高く、硬い足の人向けであり、真っすぐなコンビネーション・ラストのシューズは扁平で、柔らかい足の人向けである。扁平な足は、アーチの高い足に比べて回内する傾向が強い。つまり後足部で内に倒れやすい、ということだ（この動きは距骨下関節でコントロールされる）。回内の速度と程度は、ミッドソールに安定装置を埋め込んだストレートラストのシューズを履くことで制限できる。それとは反対に回内しないランナーは、カーブラストあるいはセミ・カーブラストで、なおかつスリップ・ラストのシューズを履くべきである。これによって足は衝撃吸収のため、可能な限り回内することができる。

　自分の足のタイプを知らないために、間違ったシューズ選びをしているランナーは多い。たとえば、回内しないランナーが安定性を重視したシューズを履いてトレーニングをすれば、ふくらはぎの痛み、アキレス腱炎、腸脛靭帯症候群などのケガをすることが予想される。同様に、過回内のランナーが、クッション性しかないシューズでトレーニングをすれば、足、脛骨、膝内側に疲労性障害（骨折を含む）を起こしやすくなる。通常、ランニング専門店に行けば、資格を持ったスタッフが場合によってはトレッドミルを使いながら、足のバイオメカニクスを評価してくれる。そして、少なくとも理屈の上ではケガを予防し、快適なランニングができるシューズをいくつか薦めてくれるはずである。たまに足の動きが肉眼でとらえられず、足の評価がしにくいことがある。その場合は、本当はどのように動いているのか確かめるために、高速度ビデオカメラでスロー動画の撮影が必要になる。しかし、こうしたことはごくまれであり、趣味で走るランナーはトレーニング量も少なく、走るスピードも速くないので、通常は必要にならない。ともかくも、バイオメカニクスは変えることができる。一度修正すれば、もう問題にはならないだろう。ただ、新たな問題が生じることもある。

20世紀のランニングシューズの歴史

　20世紀のランニングシューズの歴史は、スポルディング社が長距離走用のシューズを発表したことに始まる。スポルディング社は1908年、米国のオリンピックマラソン代表チームに自社の試作品を提供したのだが、そのパフォーマンスを観察した結果を基にして、1909年にマラソンシューズの製品ラインを作り上げたのである。同社の製品はハイトップとロートップの2種類あったが、ソールは純ゴム、そしてアッパーの内部には「長いレースでも足を傷つけない、革の総張り仕上げ」が施されていた。ゴムソールは5年もしないうちに、レザーソールに取って代わられた。そして、ランニングシューズの研究開発と販売が、順風満帆とはいかないものの、本格的に始まったのである。

　スポルディング社の研究開発は続いた。しかし、1908年のオリンピックのマラソンに端を発したランニングシューズをめぐる商戦では、トラック用のスパイク、なかでもドイツのダスラー兄弟商会が製造したスパイクの人気が沸騰すると、その後塵を拝することとなった（訳者注：ダスラー兄弟商会はのちのアディダスとプーマ）。ジェシー・オーエンスがベルリン・オリンピックで履いたそのスパイクは、柔らかい革のアッパーを硬い革のソールに縫い付け、耐久性に優れた「爪」をソールに内蔵し、土のトラックとの間に摩擦が生まれるようにしたというだけの、単純なものだった。

　ランニングシューズ製造への関心が米国で再燃したのは、1960年半ばから1970年半ばのことで

ある。これを契機として、ランニングに特化したビジネスが展開されるようになった。日本から輸入されたオニツカタイガー社製のランニングシューズに対抗すべく、ハイド（訳者注：かつてサッカニー・ブランドを所有していた会社）、ニューバランス、ナイキの各社がこぞってランニングシューズの本格的な生産に乗り出したのである。新しいシューズには、高いヒール、クッション素材のミッドソール、ナイロンのアッパーという特徴があった。よい製品もなかにはあったが、そうでないほうが多かった。しかし1970年代になると、『ランナーズ・ワールド』誌がランニングシューズの商品テストを始めた。これによりメーカー各社は、製品の品質を改良するか、もしくはシェアを失うか、という状況に追い込まれた。こうした企業姿勢の変化によって、激しい競争の時代が始まった（そして今なお続いている）。足にぴったりと合い、クッション性、安定性、耐久性に優れ、なおかつ見た目のよいシューズの生産にしのぎを削っているわけである（現在、信頼のおける広範囲にわたるレビューと言えば、Solereview：www.solereview.comである）。

ランニングシューズのパーツ

　ランニングシューズを選ぶときに重視すべき点は、バイオメカニクスとフィット感の両面で合っているシューズを見つけることである。どちらが欠けてもケガにつながる。また、高価なものを買えば、成功が約束されるわけでもない。あるランナーにとっては、高価なシューズを買っても預金残高が目減りするだけで、パフォーマンスの足しにはならないこともあるし、ほかのランナーにとっては、それと同じシューズがまさにおあつらえ向き、ということもある。自分の足のタイプ、形、バイオメカニクスによって、正しい選択かどうかは、変わってくる。

アッパー

　アッパー（図11-1）は足の上部と側面を覆う部分を指す。複数の布地を縫い合わせるか、貼り合わせるかして作る方法と、継ぎ目のない1枚の布地で作る場合とがある。最近のシューズは通気性、

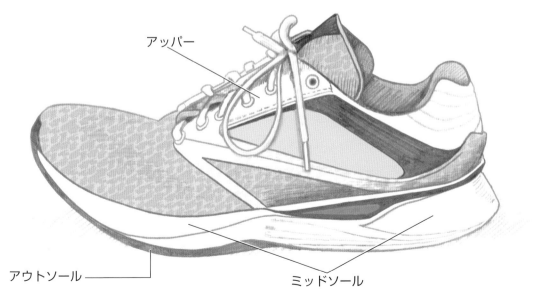

図 11-1　シューズの外側

快適性、軽量化のために、すべて合成素材（ナイロン）でできている。革はその重量、コスト、通気性のなさ、そして繰り返し使うと形が崩れることから、現在では使用されていない。

　アッパー前部はトウボックスと呼ばれている（**図11-2**）。トウボックスはシューラスト（シューズを作る基になる木型）から形が作られるが、そのスタイルは、履く人のニーズに合うものになるよう、デザイナーが決める。最近のシューズは今までのものよりも、トウボックスが広く、深く作られている。これは体積の大きい（長く、広く、大きい）足に合わせているのだが、このような足が一般的になったのは、第二次ランニングブームによって、趣味で走る大柄なランナーが増えたためである。アッパーの中足部は、レーシングシステム（靴紐部分）と一体型のデザインと、独立型のデザイン（例：ギリーシューズ）があり、調節してさまざまな足に合わせられるようになっている（訳者注：ギリーシューズとは足の甲を覆う舌革がなく、靴紐を通す穴の周辺がU字型になっているシューズ）。メーカーはときおり、左右非対称のレーシングパターン（訳者注：靴紐の通し方のパターン）をテストすることがある。それには、アッパーのフィット感を高め、「ホットスポット」（マメにつながる発赤）ができるのを防ぐという狙いがある。

　アッパーのデザインはシューズがフィットするか否かを決める。しかしそれは長さの問題ではなく、足をどう包むか、ということである。これは重要なポイントだ。もしフィットしていなければ、バイオメカニクス上のニーズが満たされないこともある。シューズはぴったりフィットしてはじめて、意図された機能を果たす。つまり、安定性、動作コントロール性、クッション性が発揮されるのである。たとえば、アッパーの中足部があまりにもぶかぶかだと、内側をサポートする機能がシューズにあっても、過回内になる可能性がある。要するに、きちんとフィットしていないと、回内を制限するようにデザインされたはずの安定装置が、回内に抵抗する効果を発揮しない、ということである。この例だと、ランナーが自分の足のタイプに合うようにデザインされたシューズを履いていても、ケガをす

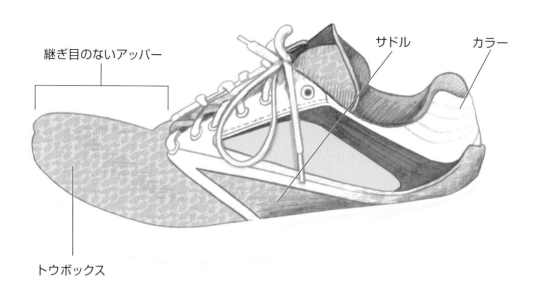

図11-2　アッパー

る可能性がある（この場合は脛骨痛）。

　こんなことが起きれば、シューズを買う時には必ずといっていいほど、不信感が付きまとうことになる。アドバイスやガイドラインに従ってもなお、痛みから解放されないとなれば、混乱してしまうからだ。そこで、おおまかな購入のガイドラインを示す：もし、シューズが自分の足にぴったりとフィットしなければ、そのシューズのバイオメカニクス上の性能が自分の足のタイプに合っていたとしても、自分にとってはベストシューズではない。どういうことか。たとえば軽度の回内の場合、サポート寄りのタイプではあるがぶかぶかのシューズよりも、クッションタイプではあるがぴったりとフィットしたシューズのほうがよい、ということである。

　アッパーがきちんとフィットし、ヒールカウンターがアッパー素材に埋め込まれていると、走るときに確実かつ心持ちしっかりとしたライド感を得ることができる（ライド感とは業界用語で、接地時のシューズの感触のこと）。ヒールカウンター（**図11-3**）は硬いプラスティックでできたパーツである。正常な動作周期で足が動くのを助けるのと同時に、足の後部を支える。つまり、踵で接地、中足部で立脚（過回内にならないように）、前足部で回外（前足部で外側に回転）、外側の足趾を使って離地、というサイクルで足を動かせるようにするのである。ヒールカウンターは、回内しない足のために製造されたシューズであれば、取り外しが可能だが、そうすると、踵の動きが増えてアキレス腱が引っ張られるため、アキレス腱炎になるリスクが増す。

ミッドソール

　ランニングシューズのミッドソール（**図11-4**）の素材は、EVA（エチレンビニルアセテート）もしくはゴム引きEVAである。これは、接地時に衝撃のない安定したライド感を得るためのものである。EVAは1970年代前半に、ポリウレタン（EVAよりも密度が高く重い素材）に匹敵するクッション素

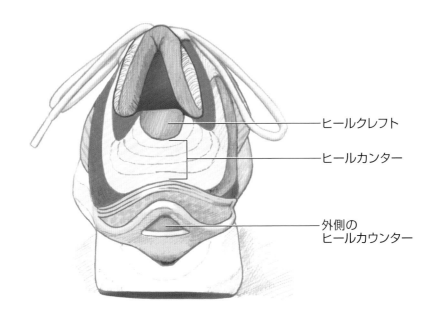

ヒールクレフト

ヒールカウンター

外側の
ヒールカウンター

図11-3　ヒールカウンターとヒールクレフト

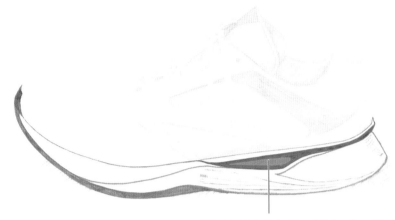

図 11-4　ミッドソール

意匠の施されたミッドソール。軽量
化、柔軟性向上などの目的がある

材として開発された。そして、接地時に生じる衝撃を最小限に抑え、足を正常な軌道に誘導するために、そのほかの特許素材（エアーやゲル）や工学設計（ウェーブプレート、フットブリッジ、キャンチレバー、トラスシステム）と組み合わされてきた。

　シューズメーカーが追い求めている究極の素材とは、適度にソフトなライド感と、製品寿命を縮める圧迫に負けない耐久性とを併せ持った素材である。現在のランニングシューズの製品寿命は、およそ 560 ～ 800km とみるのが妥当なところだ。これが、たとえば 1200km 程度になり、ずっと快適に走れるようなミッドソールが開発できれば、ランナーと特許を取得したメーカーの両者にとって、利益になる。

　現在使われているゴム引きのミッドソールは、その前身であり 1970 年代から今までに使われてきた EVA の「シート」をはるかに超える実りをもたらした。しかし、この素材の生産には、環境への負担がついてまわる。たとえば、従来の EVA のミッドソールが完全に生物分解するには 1000 年ほどかかる。メーカーのなかには、これまでの埋立て環境ならば 50 倍の速さで生物分解するため「グリーンな商品」（環境にやさしい商品）であるとして、一部のシューズを販売しているところもある。

　シューズを取り替えるべきか否か。これを判断するときに、ほとんどのランナーはアウトソールを見る。しかし、これは主にミッドソールの問題である。アウトソールがすり減って、明らかにくたびれて見えるとき、ミッドソールのクッション機能はそのずっと前から駄目になっているのである。ミッドソールにはクッション機能があるため、衝撃を吸収し、弱める働きもある。30 分間普通にトレーニングをすれば、2,700 回程度、衝撃を感じることになる。この 2,700 という数字に、体重の 3 ～ 4 倍ある重力をかけて計算してみるといい。たった 5cm の厚さの EVA のミッドソールが、取り替えるまでにざっと 150 回、こうしたトレーニングに耐えていられるのである。これがいかに驚くべきことか、わかるだろう。

　ミッドソールは、回内防止のためのさまざまな安定装置が搭載されているパーツである。このよう

な装置は必ずシューズの内側、そしてたいていはアーチとヒールの間にある。なぜなら、この場所だと回内を主にコントロールしている距骨下関節に近いからである。なかには、前足部にこの装置が搭載されているシューズもあるが（動作周期後期の前足部回内を防ぐため）、従来そのようなデザインのシューズはなかった。こうした装置はシューズの外側には搭載されない。なぜなら回内しない人にとっては必要がなく（クッション性のあるシューズでは脚は必要に応じて回内することができる）、回内する人にとっては逆効果（回内の速度が高くなり、その程度も激しくなると、脛骨の違和感が増す）だからである。

ここ何年間か、各メーカーが究極のミッドソールと考えてきた素材とは、比較的やわらかく快適なライド感の EVA に、すでに人気のなくなった、過去の素材であるポリウレタンの弾力性と耐久性を組み合わせたものである。最近では、アディダスがこの 2 つの素材のよいところを取ったブーストフォームという素材で特許を取得したが、これは同社の競技用ランニングシューズのすべてに使用されている。これに対抗し、競合各社は反発性と耐久性の理想的な融合を求めて、先を争うようにして独自の配合を開発したのである。こうした状況は、競争によって品質のハードルが上がれば消費者が得をするという、格好の例でもある。

アウトソール

ランニングシューズのアウトソール（**図 11-5**）は、1908 年にスポルディング社がマラソントレーニング用シューズに使用した純ゴムから、劇的に進化した。アウトソール（道路に接触するパーツ）は、カーボンとブラウンラバーの合成素材でできており、耐久性がありながら、適度にしなやかなライド感がある。たいていのランナーは踵の外側で接地するため、各メーカーはアウトソールが長持ちするように、最も耐久性のあるカーボンラバーをシューズのこの場所に搭載している。しかし、カーボンラバーで耐久性が強化されていても、ほとんどのランナーにとって極端にすり減って見えるのは、この場所である。このパターンのすり減り方は、当たり前のことであり、過回内している、または回内

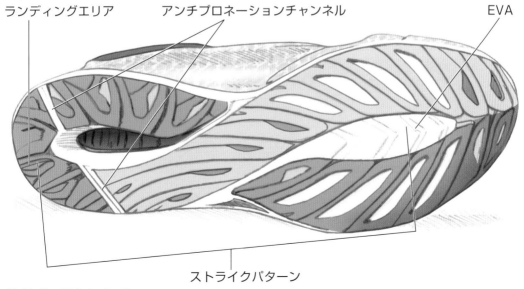

図 11-5　アウトソール

していないといった傾向を示すものではない。これが意味するのは、単にそのランナーがヒールストライカーであるということだけである。

　シューズの前足部が完全にすり減っている場合、ミッドソールのクッション機能はそれよりずっと前に損なわれている。そうなるとシューズは衝撃吸収材としての価値がなくなる。アウトソールはミッドソールのクッション機能よりもはるかに長持ちするので、アウトソールの減り具合を目安にしてシューズの取り替えのタイミングを決めるのは、無意味である。シューズの寿命を見極めるには、ほとんど何も要らない。走行距離に気を付けているだけでよい。それにはトレーニング日誌をつけるか、週間走行距離にトレーニングを行った週の数をかけて、ざっと計算する。大体560km走ったあとに、以前にはなかったようなうずきや痛みが脚にあったら、シューズを取り替える。いっぽう、シューズモデルがランナーのバイオメカニクス、体重、柔軟性、足の形（これらはベストシューズを選ぶ決め手になるファクターである）に合っていない場合は、最初の160kmで違和感やケガが生じる。そのため、合っていないシューズと、ただ履き古しただけのシューズを混同することは、まずないはずである。

　各メーカーは、絶えずアウトソールの接地の軌道とストライクパターンを変更している。これは履き心地と耐久性向上のためである。たしかに、こうしたことも立派な目的であることには違いないが、デザインの美しさが果たす役割も見過ごすことはできない。シューズの見た目の美しさ（いわゆる顧客魅力度）とシューズ設計の実用性や効果。この2つは、企画と開発のすべての段階において、秤にかけられるべきである。大きな予算をかけて広告キャンペーンを打ち、見た目が先行して話題を呼んでも、ふたを開けてみれば見かけ倒しだったということは往々にしてある。

インソールと足装具

　ランナーというものは、ケガを防いでくれる履き心地のよいシューズを求めるものだ。しかし、シューズはカスタムメイドではないから、合わせようとすれば、少々妥協しなければならない点が、必ず出てくる。ランナーの足は人それぞれに違う（そして左右対称でさえない）。したがってフィット性と機能を高めるために、たいてい調整が必要になる。ランナーはそのために、インソールや足装具に目を向けるのである。

　ランニングシューズには、インソールがついてくる。EVA単独あるいは、快適性（衝撃吸収性）とフィット感を高めるために、他の素材と組み合わせたものが使われる。50セントもコストをかけずに製造されるインソールは、ほとんど使い物にならない。しかも取り外しがきくようになっている。これには正当な理由がある。つまり、たいていのランナーは、人の足の形に似た、よりクッション性や安定性のあるインソールに取り替えてしまうのだ。事実、過去10年間、ランニング専門店で売り上げに大きく貢献したのは、既製のインソールである。こうした専門店の売り上げ増加によって、インソールを扱う小売店が増えたため、メーカー側も30ドルしない高品質の製品を生産して、これに応えている。

　しかし、最初から130ドルのシューズを買うこともできるのに、それをせずに100ドルのシューズと、30ドルの既製のインソールを別々に買うのは、面倒に思える。それでも、インソールの本当の価値は、自分の足に合わせてカスタマイズできるところにある。よって100ドルのシューズと30ドルのラン

ニング用インソールを買ったほうが、130ドルのシューズを買うよりも、完璧なフィットに近づくように感じられる。それは、自分自身の足型から作ったシューズに、より似ているからである。それだけではない。セミカスタムのインソールならばフィット感を高めるだけでなく、バイオメカニクスの欠点も修正してくれる。たとえば、回内の要素やハイアーチを補正して足底筋膜炎を防ぐという目的で、インソールを入れることもある。

　既製のインソールに効果があるとはいえ、すべてのランナーに合うわけではない。特製のインソールがなくても問題ないというランナーも多いが、それはトレーニングによって悪化するバイオメカニクス上の大きな問題がないからである。しかし、距離をたくさん踏んできたランナーや、現在のトレーニング量が多いランナー、または慢性的なケガのあるランナーにとって、インソールは効果が期待できる選択肢である。

　既製のランニング用インソールで問題が解決しない人が次に踏む段階は、専門家（つまり足病医か資格を持った足装具士）を訪ねてカスタムメイドの足装具を作ってもらうことである。足装具は解剖学上、生体力学上の異常を矯正するためのものである。ランニングから始まった運動連鎖のなかに、アンバランスさや筋力低下があればそれを矯正できるよう、接地を再調整する、というのがその理論である。果たして足装具は効くのだろうか？　それはときと場合による。

　足病医や資格を持った足装具士を訪ねるときは、次のようなプロセスを踏んでから足装具を作るということを、あらかじめ知っておいたほうがよい。まずは今までに生じたランニング障害、履いたシューズ、試みた治療を聞き、病歴を取る。次に脚の長さを測定し、関節の可動性を評価する。このときにX線検査を行うこともあるが、たいていの場合は不要である。両足を評価したあとは、石膏型の作成に入る。そのために、まず片足ずつニュートラルポジションに置き、石膏を染み込ませたガーゼ（ギプス包帯）で包む。

　いちばん重要なステップは、足をニュートラルポジションに置くというところだ。足装具の目的は矯正にあるので、ギプスで矯正すべき点がわかるよう、ニュートラルポジションに置かなければならないのである。矯正が必要な箇所は、患者の足と、ニュートラルポジションにおける、しかるべき足のポジションとの違いからわかる。ギプスが足装具製作のために工房に送られると、技師がそのギプスを評価し、さらに測定を行う。そして「陰性モデル」であるギプスから「陽性モデル」が作られ、医師の指示によって削られる（訳者注：陰性モデルは中空の型、陽性モデルは陰性モデルに素材を流し込んで作成する石膏型）。

　硬性装具は熱可塑性樹脂から作られ、内部にはクッション材が注入される。そして立脚期中期に足をニュートラルポジションにするため、最大4°の角度で内側に挿入される。外側は合成素材の薄い層で覆われている。いっぽう、軟性装具は調整装具とも呼ばれ、挿入型の装具よりも、カスタムメイドのアーチサポートに近い。回内する足の内側を安定させるためというよりは、アーチが高くて硬いランナーのアーチサポートを意図して作られている。

足装具の長さは足の長さに等しいフルサイズのものが一般的であり、シューズについてきたインソールと取り替えて使う。しかし、4分の3の長さの装具を工房が作ることも珍しくない。足後部の動きの問題は、たいてい4分の3サイズのもので緩和されるため、それならば軽量化できたほうがよいと考えられるようである。しかし困ったことに、足裏全体に行きわたらないと、ランナーは得てして自分で勝手に足装具を足してしまう。よって、初めからフルサイズのものを買うのがよい。

　装具の完成度を評価するための基準は2つある。まず、問題なくランニングシューズにフィットするか？（以前に履いていたものとは別のシューズで、前より大きかったとしても）という点。もう1つは、懸念しているランニング障害を、新たに別のケガを生じさせずに軽減することができるか？　という点である。この両方の問いに、イエス、とはっきり答えられなければならない。もしそうでないならば、医師にフォローアップの受診予約を入れ、足装具の再評価をしてもらうことだ。

　足装具とランニングシューズとを組み合わせるプロセスは、職人技と科学の組み合わせでもある。硬く、矯正能力のある足装具を着けるならば、それをしっかりと受け止めるニュートラルなクッションを搭載したフィット感のよいシューズを履く。そうすれば、過回内のケガは十分に軽減できる。もし硬く、矯正能力のある足装具をつけてもなおプロテクト機能の高いシューズが必要ならば、機能をつけすぎるリスクを回避するように、気を付けなければならない。プロテクト機能の高いシューズと矯正能力のある足装具のカップリングは、腸脛靱帯症候群に通じる道を作ってしまう。通常、腸脛靱帯症候群は、回内しない足が外側だけで接地することで生じるケガである。そしてこうした接地によって、足から股関節に至る外側の筋肉や軟部組織はすべて硬くなる。膝の外側の痛みあるいは股関節周辺の硬さといった最初の症状が見られたら、プロテクト機能の高いシューズと矯正機能のある足装具との組み合わせについて、改めて検討すべきである。

　回内しない人で調整装具を着けている人は、クッション性のあるシューズを履き続けるべきである。ただ1つ注意してほしいのは（過回内で足装具を使う人も同じだが）、装具を入れるには、普段より1/2サイズ大きいランニングシューズが必要だということである（訳者注：たとえばアメリカサイズの7は7.5に、日本サイズならば25.0を25.5にするということである）。足装具はシューズについてきたインソールの代わりに入れるが、足装具のほうがかさが張るため、きちんとフィットさせること。そうすることで、ランニング中のバイオメカニクスが意図したとおりに促され、途切れずに働き続けるようになる。

　考えぬかれた完成度の高いランニングシューズや足装具があるのは、何のためか。その究極の目標は、快適な、ケガをしないランニングである。クッション性能をプラスして接地の衝撃を和らげる、安定装置を内側に搭載して距骨下関節によって生じる回内を制限する、高密度のEVAによって踵接地から立脚期中期までの移行をスムーズにする。こうした機能を持たせるのも、すべてはこの目標のためである。実際に、大腿から足までのケガは、適切なフットウエアと（バイオメカニクス上のニーズにあった）足装具を組み合わせ、さらに第4章と第5章で紹介した下腿と足のための筋力トレーニングを行えば、一掃できるはずだ。

　注意点が１つある。それは、ランニングシューズと足装具は足に合っていなければならず、クッション性能、安定性、調整機能が低下したら取り替えなければならない、ということである。一般的に言って、ランニングシューズは、最低 560㎞は持つ。そして既製品のインソールは、シューズ２足分は持ち、カスタムメイドの足装具は（カバーは取り替える必要があるかもしれないが）少なくとも２年は持つ。ランニング専門店に行けば、教育を受けたスタッフが自分の足のタイプに合ったシューズ選びを助けてくれる。また、インソールに関しては、医師の処方も要らずカスタムメイドでもないが、足装具に匹敵するプロテクト機能がある、というものを見つけてくれるだろう。

　ランニングシューズや足装具の効果は、バイオメカニクスだけではなくフィットするかどうかによっても変わる。バイオメカニクスの面で自分に合った完成度の高いシューズでも、足にフィットしていなければ、正しく機能しないかもしれない。シューズを購入するときは必ず、長すぎず短すぎず、そして広すぎず狭すぎず、というものにすること。足は１日過ごすうちに重力によって膨張することが多いため、試着する場合は早い時間ではなく、遅い時間にするとよい。さらに、新しいシューズは、一緒に使う予定の足装具とともに試着すること。これはシューズと足装具との相性をリハーサルするためである。店の中でうまくいかないのなら、ロード、トレイル、トラックでうまくいかないのは目に見えている。

ベアフットランニング

　ベアフット（裸足）で行うランニングは、第4章で紹介した足の筋力強化エクササイズのなかに入っていたとしても、おかしくない。なぜなら足の筋力強化こそ、（固有感覚の強化とともに）ベアフットランニングのいちばんの特長だからである。しかしそうだとしても、ベアフットランニングは毎日シューズを履いて行うランニングの代わりになるようなものではない。おおかたのランナーのトレーニング日誌に記録されている距離が、アスファルトやコンクリート、トレッドミル、それに砂利が混ざった道の上で走った距離だということを考えると、裸足で走ればとりあえず痛い、ということはわかる。たしかに、アフリカの多くのランナーは裸足でトレーニングを行い、大きな成功を手にしてきた（有名なところでは、南アフリカ出身のゾーラ・バッド）、と言われている。しかし、世界記録はすべてシューズを履いたランナーによって達成されてきた、と異議を唱える声もある。

　どちらにしても、第4章から第8章で説明した筋力トレーニングのエクササイズと同じように、シューズなしのランニングを、ランニングを補完するトレーニングとして扱えば、実際にいろいろな使い方ができる。ベアフットランニングの提唱者は、筋力が得られると称しているが、これは公平な目で見て正当な評価である。彼らはまた、砂や芝生の上で走ることで心理的な開放があるとも主張する（こうした走路面が見つかるのは、たいていのどかなところだ、ということも関係している）。ただし、そうした効果があったとしても、パフォーマンスアップにはわずかしか影響しないように思える。

　青々とした芝生やよく踏み固められた砂の上を、ときおり裸足で走ってみる。ときおりと

言っても、はじめはせいぜい週2日、1回の練習の合計を400mとし、連続して走るのは100m程度にとどめる。ベアフットランニングのトレーニングとしては、こうした練習が考えられるが、その最大の理由は、シューズを履いたときとは異なる筋肉を鍛えることにある。ベアフットランニングをすれば、足は否が応でも萎縮を防ぐような走り方になる。そして、ランニングシューズを履いて行う普段のランニングでも（足装具の有無に関係なく）筋肉は同じように機能するようになる。さらに、足装具の使用に異を唱えるムーブメントでは、ときおりベアフットランニングを行うこと、そして回内する人であっても足装具なしのニュートラルなシューズで走ることを教義としている。その目的は、足が自ら強くなることを促し、それによってケガを防ぐことにある。本書のエクササイズを見ていくと、自分の身体がどのように強化され、どのようにランニング・パフォーマンスにつながるのか詳しく理解できると思う。ベアフットランニングも同じである。トレーニングでは途方もなく長い距離を、足に課さなければならないが、ベアフットランニングは、それに耐えられるような足を作る力になる。ただし、ほかのすべての筋力トレーニングと同様、走っている最中に痛みを感じたら、止めるべきである。

　以上のように本書の初版を書いてから10年近くになるが、全体的に見ると、こうしたミニマリストのムーブメントは、ランニングのトレーニングの中では隅に押しやられている。振り子の針は大きく逆に振れ、今や業界をリードしているのは、ホカ社のモデルのような「最大」のクッション性能を誇るシューズである。これは本章の前半で述べたブースト素材の主な訴求ポイントでもある。今でもミニマリストシューズがクローゼットの一角を占めているというランナーもなかにはいるが、結局は声が大きいだけの少数派に過ぎない。これにさらに追い打ちをかけたのが、ビブラム社の訴訟の件である。同社は、クリストファー・マクドゥーガル著『Born to Run』(2009年)によって人気に火がついたミニマリストシューズにかこつけて大々的なマーケティングを展開し、そこからほとんどの利益を得ていた。しかし、グローブに似た同社のフットウエアの健康効果について、裏付けのない誤った主張をしているとして集団訴訟を起こされ、これを認めることで和解したのである。

　ベアフットランニングに関する最近の研究で明らかになったポイントが1つある。それは、ベアフットランニングは過去に喧伝されていたような、ケガを防ぐ万能薬ではない、ということだ。たしかにある程度の効果は、一部のランナーにはあるかもしれない。しかし、すべてのランナーに通用するわけではない。結局、慎重に試行錯誤を重ねることが、バイオメカニクスとシューズの構造との複雑な関係を理解する、いちばんの道なのである。

テクノロジー

　テクノロジーは、我々の生活において、仕事にも浸透している。ランニングもその例外ではない。そのシンプルさゆえに、ランニングは推奨されることが多い。シューズとランニングパンツさえあれば事足りる。女性ならば、それにスポーツブラやタンクトップを足すだけだ。しかしテクノロジーの進化により、ハートレートモニター、GPSウォッチ、MP3プレーヤー内蔵のサングラスがそれに加わっ

た。最新のものとしては、新しいタイプのトラッキングデバイス（ポッド）がある。これは、パワーを測定し、接地時間、接地衝撃、対称性（ひいては身体の左側・右側別々の分析）のデータを提供してくれるものである。

データを生み出すほかのテクノロジーと同様、こうしたデバイスには少々面食らってしまうこともある。どのような情報が役に立ち、そして何がただのデータに過ぎないのか？　大量に押し寄せる情報は、どの時点で（もしそのようなポイントがあるとしたら）、トレーニングについて教えてくれるものから、思考を麻痺させるものになるのか？　たとえば、お気に入りのトレイルを50分間走るだけのシンプルな練習が毎週の定番のトレーニングになっている場合、わざわざGPSを使ってマップをアプリ（Stravaなど）にアップロードする必要があるのだろうか？　もし心拍数がペースに伴って上昇することなく、ペースだけが上がり始めたら？　もし心拍数も一緒に上昇したら？　もし左足の回内が、ペースが速くなるにしたがって激しくなったら？　これらはすべてよいデータであり、練習の調整やシューズの選択に使うことができる。そのいっぽうで、データのオーバーロードともなり、シンプルな練習が台無しになりかねない。

ランニング・センサー

データ好きの人にとって、ランニング・センサーはトレーニングに集中するのにぴったりのツールである。ランニング・センサーは加速度計を用いて、自由落下に対する相対的な加速を測定する機器である。基本的に加速度計が測定するのはランナーの、前方（距離）、上方、あるいは下方（接地衝撃）への動きである。センサーのなかには、ふくらはぎにつけて血中酸素飽和度を測定するとうたうものもある。ランニング・センサーは、シューズの評価のツールとして使うと面白い。フットポッドは、接地衝撃、回内、制動を記録するため、シューズの評価としてきわめて効果的な方法であり、自分が今履いているシューズが自分の走りの助けになっているかどうか、見極めることもできる。こうした情報はトレーニング方法について正しい決断を下す力にもなる。それは、距離、ペース、パワーを測定するセンサーに関しても同じだ。

パワーメーター

パワーメーターが、サイクリストのトレーニングの仕方やレースの戦い方に影響を及ぼし始めたのは、15年ほど前のことである。そして最近、このパワーメーターがランニング界にも進出し始めた。パワーメーターは、運動強度を記録し標準化するためのものである。たとえば、起伏の多いコースを走るときや風の強い日は、ペースや心拍数（これらは運動強度を決定するメトリクスである）が影響を受ける。しかし、どうやってその運動強度とほかの運動強度を比較するのか、つまり、ある練習の強度を、異なるコンディションで行う際に必要な運動強度、あるいは異なるタイプの練習を行うときに必要な運動強度と、どう比較するのだろうか？　言い換えれば、どうしたら異なるいくつかの練習を、同じ条件で比較することができるのだろうか？

この点に関しては、パワーメーターはトレーニングとレースとの両方で、さまざまな使い方ができる。分析の目的で使う場合は、運動強度の標準を1つ作ることで、コースプロフィール、風、心拍数の影響といった変数を削除する。この標準は異なるコンディションで行った練習との比較に使える。こう

して、脈絡のないデータではない、トレーニングにもレースにも役立つデータが、パワーメーターにより取得可能になるのだ。

　現在、パワーメーター市場は2、3の機種によって支配されている。各機種とも豆の形をしたレシーバー（ポッド）を使うが、これをシューズに装着するとデータがGPSウォッチやスマートフォンに送られる。集められたデータは、アプリや、データを読み込むソフトウェアを備えたサードパーティー（TrainingPeaksなど）のサイトにアップロードして見ることができる。これらのデバイスは、練習に必要な運動強度をワットで示すという形で、データを標準化して提供する。さらに、体重1kgあたりのワット数という形で詳細化され、データを比較するベースとなる。ほかのランナーのデータと比べることもできるし、同じランナーであっても体重の増減があったとき、新旧のデータ比較ができるのである。

　しかしこうした情報を、ランナーとして向上するために、どう役立てるのか？　たとえば昨日の練習は、きつかったか、あるいはやや楽だったか。パワーメーターは、これを憶測で判断することなく（つまり、自分の身体が経験したことを、正確に表現していないかもしれない、主観的な判断に頼ることなく）、客観的な数字を与えてくれるため、（フィールドテストで得た）自分のベースラインと比較できるのである。仮に、あるランナーが、いつも8kmを1km5分ペースで走っているとする。そしてこのときの心拍数が135bpm（拍／分）だったとする。しかし、今、風速5.3m/sのなか、1km5分9秒、心拍数142bpmで走ってきた。果たしてこの練習は回復しやすいのか、しにくいのか。ここでパワーメーターを使うと、最初の練習のデータが1つの数字（たとえば185W）、2回目の練習のデータも、もう1つの数字（195Wまたは165W）として出てくる。このように、パワーメーターが判断のために提供するメトリックは1つである。そして、ある選手のワット数の最大値が確立されれば、心拍数は1kmあたりのペースと同様に、ファクターとしては、二次的なものになる。なぜなら、ワット数がトレーニングやレースのガイドラインに必要な唯一のデータとなるからである。

　もう1つの例を考えてみよう。起伏のあるコースで9.7km走った場合と、フラットなコースで4.8kmのテンポランニングをLTペースで行ったときの比較である。起伏のあるコースをどのようなペースで走れば、このテンポランニングの運動強度と同等の強度になるのか？　同じ値を得るには、さらにヒルトレーニングをする必要があるのか？　そもそも、同じ値は必要なのか？

　このようなデータがあると、地形の詳細を知る必要もなしに、さまざまな場所で練習することができるようになる。平均240Wで行う1時間のランニングは、どの国でも、どの場所でも、どんなコンディションでも同じである。ペースや心拍数では、こうはいかない。

　こうした新しいデバイスによりもたらされるメトリクスは、ほかにもある。接地時間、回内の速度、足の接地衝撃などである。これらはすべて、パフォーマンスを支え、ケガを防ぐために使うことができる。以前ならば、バイオメカニクスの計測をしている大学の研究室で、床反力計を使わなければ入手できなかったようなデータである。こうしたデータを、かつての何分の1かの価格で、新しいデバイスは提供している。今や一般人でも科学的な生データを手に入れ、ランニングの向上に役立てるこ

とができるのである。

フットウエアの選択（あるいはベアフットランニングの選択）と同じく、分析するデータの質と量を確立するには、慎重に試行錯誤を重ねることが必要である。そして試行錯誤すれば、その平衡点は変動する。以前の繰り返しになるが、自分自身で試そうとすること。そして自分のランニングを探しながら、これから向かっていく境地を楽しむこと。パワーメーターを使えば、つい30年前ですら想像しえなかった現実に、連れて行ってもらえる。パワーメーターが予測する未来では、ランニングがほぼ完全に客観的なものとなり、人間的な要素の入る余地はほとんどない。この最先端の領域は結局、ランニングというスポーツにとって、何を意味するのだろうか。

ランニングの未来

ランニングは我々の生活に密着している。これは間違いのないところだ。世の中にあまたあるスポーツの根本であるランニングは、基礎トレーニングとして、競技のスキルとして、永久に必要とされるだろう。多くの人が関心を寄せるのは、世界記録の更新は止まることがあるのか、そしてあるとしたら、それはいつか、ということである。限界に達する可能性はあるのか、どこで達するのか。これを計算によって導き出す価値はある。たとえば、ウサイン・ボルトが持つ100m走の記録は9秒58である。このペースを1,500mに当てはめれば、2分23秒というタイムになる。これは、ヒシャム・エルゲルージの持つ現在の世界記録よりも1分以上速い（ただしこの記録は20年ほど破られておらず、記録更新のペースは遅くなっている）。したがって、1,500mの究極のタイムが出るとしたら、この2つのタイムの間になると思われる。もちろん、「スーパー・ボルト」が現れて100mの記録を大幅に縮めれば、話は別であるし、今までもそうして進化した結果が、現在の世界記録につながっている。

つまるところ、スピードは多元的である。一見、ランナーの身体構造や生理的な条件次第だと思えるが、心理状態、トレーニングの質、疲労に耐える力（そのなかに気象条件、レースコンディション、競争する相手、走路面、フットウエアなどのギアが含まれる）も鍵を握っている。「完璧なランニング」を実現するには、こうしたファクターのすべてが完璧に揃う必要がある。それはもう、ほとんど宝くじに当たるようなものだ。

このファクターを1つずつ見ていこう。まず、トレーニングは、過剰でも不足でもない状態で競技に臨めるよう、競技する日にピークを持っていくものでなければならない。さらに、外気温は筋肉や関節が冷えない程度に暖かく、疲労しない程度に涼しくなくてはならない。風はおそらくどんなときでもマイナスに働く。ただし、冷たい風がわずかに吹いて深部体温が安定する場合は除く。メンタルの対策も非常に重要だ。少しでも不安があれば、体内にある化学物質の分泌は抑えられる。体内の化学物質が分泌されることによってランナーの能力は変わる。つまり、通常よりも長い距離を全力で走ろうとすれば、痛みを伴うが、それを乗り越えるランナーの能力を活発にさせたり、抑制したりするのは、体内の化学物質なのである。また、ランナーは一定のペースを維持する必要もある。そうすることが最も効率的であり、いちばんに疲れにくい走り方だからだ。

人間の身体は、人類の進化とともに変化している。我々の多くは、自分たちの祖先よりも、栄養を十分にとっており、栄養不良や病気によって成長が止まる可能性は低い。しかし、悪くなった点もある。テクノロジーが発展するにしたがい、差し迫って運動する必要は減った。子供でさえ、頻繁に車で学校の送り迎えをしてもらっていれば、運動不足による肥満のリスクがある。この肥満によって糖尿病や循環障害を患う人が増えている。現時点で、世界で最も速い中距離ランナーは、すべて東アフリカの出身である。そこでは多くの子供たちが毎日合計30km近く走って通学している。もちろん、彼らのスタミナが養成されたのは、この日常生活のおかげである。もし交通機関が発達して、こうした毎日のランニングがなくなってしまっても、彼らは世界のトップランナーであり続けることができるだろうか？　優勝タイムも含め、レースの記録は今よりも遅くなるのだろうか？

　世界屈指の選手のほとんどは効率的に、そして身体の構造や生理学的条件が許す限り最大限にトレーニングを行っている。そしてその努力は、頻繁に行われる研究室のテストによって支えられている。つまり、彼らは先祖よりもはるかに激しい運動をしている、ということである。これ以上、トレーニングの質や量を増やせば、リスクは避けられなくなる。オーバートレーニングになると、選手はケガに対して弱くなり、それに伴って心理的な負担が増えて体力は低下する。速く走ろうとすれば何をしてもダメージにつながる可能性がある。

　遺伝子工学が進歩するということは、将来我々の子孫が、出生前検査を受けたり、病気の可能性を取り除く治療を受けたりできるということである。しかし現在すでに、先天異常の多くが予防されていることから、ある程度この種のことは起きている。こういった将来図を予想してみると、科学者の手によって、最速ランナーの子供が親よりも速く走れる遺伝子のみを受け継ぐという事態も、難なく想像できる。それからさらに2、3世代あとになれば、人工的な遺伝子構造を持った子孫ができ、乳酸が蓄積しようとも、心臓が今の常識よりも長い時間最大速度で拍動しようとも苦しくならないような人間になる。酸素消費量の少ない人間にプログラムされることだってあるかもしれない。荒唐無稽に聞こえるかもしれないが、科学知識により、このような変化の可能性が五分五分どころか、十中八九にもなるような時代に、我々は近づいているのである。

　今日のランニング界に見られる、東アフリカ勢による支配的状況はすさまじく、事実上、ほかのランナーが彼らを打ち負かすことは、できないだろう。しかし、遺伝子工学が最終的にロボット人間を作り出し、それが無敵の存在となる可能性が、ないと言えるだろうか？　シニカルな物の見方をする人なら、それはサイエンス・フィクションの世界の話だと言うかもしれないが、この世にあり得ないなどということは、あり得ない。毎日、進化によって、我々の生活にはわずかな変化がもたらされている。その筋書きに、不可能はない。

　よって、ランニングの未来を決めるのは、スピードとニーズという2つのファクターである。どれだけ人間は速く走ることができるのか？　そして走る必要性はあるのか（もしあるのなら、何のために）？　ランナーは速くなっていくものだが、その進化はかつてないほどゆっくりとしていると、筆者は考える。そして、走る必要があろうとなかろうと、人間とは走りたい生き物なのだと思う。この考えが正しいかどうかは、時が経てばわかるだろう。

エクササイズ　索引

ジョー・プレオ（**Joe Puleo**）は、長距離走をはじめとする陸上競技の指導を28年間行っている。ラトガース大学カムデン校においては男子・女子クロスカントリーチームおよび陸上競技部のヘッドコーチを務め、これまでにNCAAディビジョンⅢ代表を10人生み出しているが、そのうち2人は米国チャンピオンとなった。さらに大学の指導と並行して10年間、米国全海兵隊スポーツプログラムにおいて、ランニング部門の指導を行い、国際ミリタリースポーツ評議会が主宰する世界選手権においては、米国軍代表の3チーム（マラソン、クロスカントリー）を率いた。

共同執筆した論文、記事には "Anteriorly Rotated Pelvis: The Negative Effects for a Distance Runner"、"Anatomy of Running Footwear" がある。これらはいずれも『Techniques』誌に掲載されている。そのほか『Runner's World』誌をはじめとする健康関連の出版物にも頻繁に投稿している。バンド Bannister Effect のために書いた歌を収めたデビューアルバム『A Life I Knew』は2018年秋にリリース予定、また、処女作となる小説も2019年春に刊行予定である。

Courtesy of Carlos Schultz.

プレオ氏はペンシルバニア州スプリング・シティに家族と2匹のジャーマン・シェパードと共に暮らしている。（訳者注：バンド名の Bannister Effect とは、1954年に英国のロジャー・バニスターが、人類には不可能と長らく思われていた1マイル4分切りを達成したあと、それに続く選手が短期間に次々と現れたことを指す。メンタルトレーニングの分野でよく言及される現象である。）

パトリック・ミルロイ（**Patrick Milroy**）は、1998年から英国ロードランナーズクラブのチーフ・メディカルオフィサーを務めている。1991年から2007年までは、英国『Runner's World』誌のメディカル・アドバイザーとしても活動、その10年前には同誌の前身である『Jogging』『Running』両誌にも関わった。

ミルロイ博士は1999年にはコペンハーゲン・スポーツ医学研究所（Institute of Sports Medicine）から、2006年には英国スポーツ・運動医学協会（Faculty of Sport and Exercise Medicine）からフェロー賞を受けている。また、多くのスポーツイベント・団体において、メディカル・オフィサーの任にあたっている（世界ハーフマラソン選手権、英国連邦競技会（4回）、英国陸上競技連盟）。また過去には、世界ジュニア選手権（3回）、欧州ジュニア選手権（2回）のメディカル・オフィサーを務めたこともある。

著書には『Sports Injuries』『AAA Runner's Guide』（共著）があるほか、学術誌、雑誌、新聞に、スポーツ・運動科学に関する寄稿を多数行っている。ミルロイ博士は、ハイレベルの競技者でもある。世界医療者競技会（World Medical Games）では1980年、1982年、1984年に、5,000mとハーフマラソンで優勝、欧州医療者競技会（European Medical Games）では、1983年に20km、5km、1,500mで優勝した。なお、マラソンのベスト記録は2時間26分である。65歳のときには、ロサンゼルスからボストンまでの5,300kmを35日間かけ自転車で走破した。

現在は英国チェスターに妻クレアとともに住む。4人の子供、5人の孫も近隣に在住している。

翻訳者紹介

篠原美穂（しのはら・みほ）

慶應義塾大学文学部（英米文学専攻）卒業。訳書に『ダニエルズのランニングフォーミュラ（2版・3版）』『アドバンスト・マラソントレーニング』『はじめてのウルトラ＆トレイルランニング』『ウルトラ＆トレイルランニング コンプリートガイド』（以上、ベースボール・マガジン社刊）、『トライアスリート・トレーニング・バイブル』（OVERLANDER刊）などがある。走歴21年。

監修者紹介

鳥居 俊（とりい・すぐる）

早稲田大学スポーツ科学学術院教授。東京大学医学部卒業。専門はスポーツ整形外科、発育発達（成長）学。日本スポーツ協会公認スポーツドクター。日本陸上競技連盟医事委員。整形外科医として数多くのランナー、陸上競技選手を診る。著書に『令和版 基礎から学ぶ！ スポーツ障害』（ベースボール・マガジン社刊）、『フィーメールアスリートバイブル』（ナップ刊）などがある。

ランニング解剖学 第2版

2020年6月30日　第1版第1刷発行

著　　　者　ジョー・プレオ＆パトリック・ミルロイ
訳　　　者　篠原美穂
監　修　者　鳥居 俊
発　行　人　池田哲雄
発　行　所　株式会社ベースボール・マガジン社
　　　　　　〒103-8482
　　　　　　東京都中央区日本橋浜町 2-61-9 TIE 浜町ビル
　　　　　　電話　03-5643-3930（販売部）
　　　　　　電話　03-5643-3885（出版部）
　　　　　　振替口座　00180-6-46620
　　　　　　https://www.bbm-japan.com/

印刷・製本　共同印刷株式会社
デザイン　　岡本いずみ